생각 쑥쑥 실력 팍팍

참 좋은 수학

오관용 지음

Ⅱ

교우미디어

생각쑥쑥 실력팍팍 참좋은수학을 펼치면서

수학책이 만화책처럼 재미있어서 부모님이 그만 공부하라고 말려도 이불을 뒤집어쓰고 몰래 공부할 수 있을 만큼 재미있다면 얼마나 좋을까요?

수학문제가 탐정소설처럼 스릴이 있고 술술 풀린다면 얼마나 좋을까요?

교직에서 30여 년간 끊임없이 고민했던 문제를 해결하고자 '참좋은수학'을 출판했습니다.

이 책의 구성을 살펴보면 다음과 같습니다.

첫째, 초등학교 4학년 이상의 학생들이 재미있게 공부할 수 있는 주제를 중심으로 구성했습니다.

4학년이 되면 숫자의 단위가 커지고 계산이 좀 더 복잡해집니다. 또한 새로운 내용이 추가되기 때문에 학습에 부담을 느껴 수학과를 기피하려는 경향이 있습니다. 따라서 본 교재는 수학공부에 푹 빠져들 수 있는 흥미있는 자료를 중심으로 개발하였으며, 학습 부담을 줄이기 위해 4~6문제를 한 주제로 묶었습니다.

둘째, 단순한 계산 능력이나 문제 풀이보다는 생각이 꼬리를 무는 문제로 구성했습니다.

단순한 문제를 반복하여 푸는 것은 지루한 일입니다. 그렇지만 한 가지 아이디어가 다른 문제의 해결에 도움이 된다면 그처럼 즐거운 것은 없습니다.

따라서 실타래를 풀듯이 차례로 해결할 수 있는 생각이 꼬리를 무는 문제로 구성했습니다.

셋째, 문제해결에 도움이 되는 '안내된 학습'을 제시했습니다.

수학 공부를 잘 하려면 끝까지 해결하려는 끈기가 필요합니다. 그런데 너무

어렵거나 생소한 문제를 접하게 되면 문제풀이 방법을 몰라 쉽게 포기하는 경향이 있습니다. 그때 약간의 도움을 준다면 쉽게 해결할 수 있을 것입니다. 따라서 이 책에서는 문제해결에 도움이 될 수 있는 '안내된 학습'을 제시했습니다.

넷째, 중요하거나 어려운 부분의 이해를 돕기 위한 문제해결방법을 자세히 설명했습니다.

각 주제별로 중요하다고 생각되는 30개의 주제를 선정하여 '생각의 샘'에서 문제해결의 절차에 따라 자세히 설명했습니다. 따라서 '수학적 힘 기르기' 문제를 해결하는 데 많은 도움이 될 것입니다.

다섯째, 수학과의 각 영역을 고르게 선택하여 구성을 했습니다.

각 주제별로 처음 부분에는 생각의 꼬리를 무는 수 · 연산 문제, 중간 부분에는 공간 감각 능력을 길러주는 도형 문제, 마지막 부분에는 활동 중심의 문제 등의 다양한 자료를 제시했습니다.

이와 같이 본 교재는 수학적 사고력 향상을 위한 '참좋은수학'입니다. 따라서 한 문제씩 해결하다 보면 문제해결력이 쑥쑥 향상될 것입니다.

공부의 신은 없습니다. 끊임없이 고민하고 노력하는 가운데 실력이 향상될 것입니다. 여러분은 무한한 꿈과 희망을 가지고 문제 해결을 위해 최선을 다해야 합니다. 또한 성공할 때까지 실패를 견디어낼 수 있는 힘을 길러야 합니다. 꼭 해결하겠다는 강한 욕구를 갖고 노력하면 반드시 자신의 꿈을 이룰 수 있다고 필자는 확신합니다.

2012년 1월

지은이 오관용

참좋은수학 에는
이런 것이 들어있어요

♣ 재미있는 주제로 구성하여 수학공부에 흠뻑 빠져들게 했습니다.

▶▶ 아래의 계산식에는 1에서 9의 숫자가 한 번씩 들어있는 특징이 있습니다.

- 216 + 738 = 954
- 154 + 782 = 936
- 12 × 483 = 5796
- 42 × 138 = 5796

▶▶ 각 자리의 숫자를 3번 곱한 수를 더하면 처음의 수와 같습니다.

- 153 = (1 × 1 × 1) + (5 × 5 × 5) + (3 × 3 × 3) = 153
- 370 = (3 × 3 × 3) + (7 × 7 × 7) + (0 × 0 × 0) = 370

▶▶ 문제를 착각하여 잘못 계산해도 결과가 같습니다.

- 4 × 98의 계산을 49 × 8로 계산해도 392로 결과가 같습니다.
- 2 × 756의 계산을 27 × 56로 계산해도 1512로 결과가 같습니다.

▶▶ 두 수를 곱하면 앞에서부터 읽으나 뒤에서부터 읽으나 같습니다.

- 11 × 11 = 121
- 111 × 111 = 12321
- 167 × 199 = 33233
- 1667 × 1999 = 3332333

♣ 다양한 문제의 경험으로 수학적 지식이 풍부해지게 했습니다.

▶▶ 그림 ①과 같은 수막대 1, 2, 3, 4, 5를 그림 ②에 가로 방향이나 세로 방향으로 배치하여 그 합이 모눈종이 둘레의 수와 같게 하면 그림 ③과 같이 됩니다.

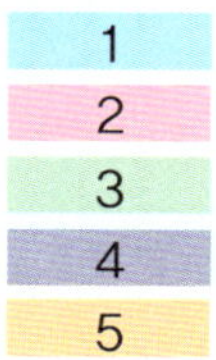

그림 ①

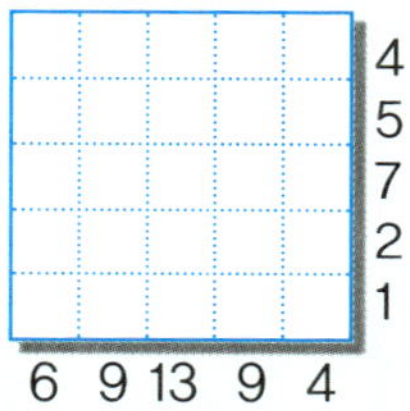

그림 ②

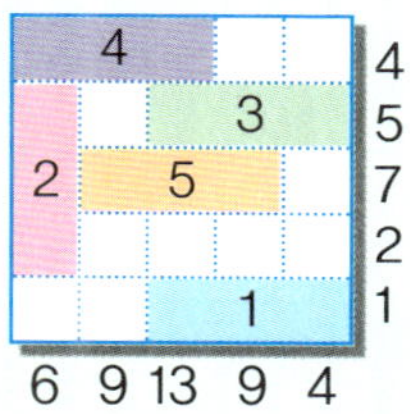

그림 ③

▶▶ 나라의 이름을 숫자 암호로 나타내면 아래와 같습니다.

ㄱ = 1, ㄴ = 10, ㄷ = 11, ㄹ = 100, ㅁ = 101, ㅂ = 110, ㅅ = 111, ㅇ = 1000,
ㅈ = 1001, ㅊ = 1010, ㅋ = 1011, ㅍ = 1100, ㅌ = 1101, ㅎ = 1110
ㅏ = 2, ㅑ = 20, ㅓ = 21, ㅕ = 200, ㅗ = 201, ㅛ = 210, ㅜ = 211,
ㅠ = 2000, ㅡ = 2001, ㅣ = 2010

- 가나 = ㄱ + ㅏ + ㄴ + ㅏ → 1 + 2 + 10 + 2 = 12102
- 미국 = ㅁ + ㅣ + ㄱ + ㅜ + ㄱ → 101 + 2010 + 1 + 211 + 1 = 101201012111

♣ 생각의 꼬리를 무는 문제로 문제해결력 향상에 도움이 되도록 하였습니다.

▶▶ 각각의 그림은 1~9의 자연수를 나타내는데 그림을 숫자로 나타내면 아래와 같습니다.

① 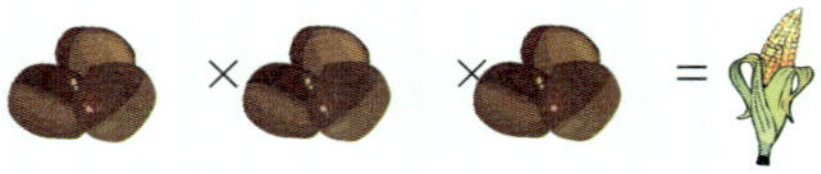

② 

③ 

④ 

☞ 문제해결 순서: 밤 → 옥수수 → 버섯 → 고추 → 바나나 → 딸기

- ①에서 한 자리의 수를 세 번 곱하여 한 자리의 수가 되는 경우는 밤이 2인 경우입니다. 따라서 밤이 2이면 옥수수는 8입니다.

- 이를 적용하여 해결할 수 있는 것은 ②입니다. ②에서 밤이 2이므로 버섯은 3, 고추는 7입니다.

- ③에서 버섯이 3이므로 바나나는 6입니다.

- ④에서 바나나가 6이고, 옥수수가 8이므로 딸기는 4입니다.

♣ 발상의 전환이 필요한 문제로 수학적 사고력 향상에 도움이 되도록 하였습니다.

▶▶ 분수의 크기는 일반적으로 분모의 크기를 같게 하여 비교하는 통분의 방법을 사용합니다. 그런데 $(\frac{3}{4}, \frac{2}{5})$는 분모의 크기를 같게 하는 통분의 방법이 쉽지만 $(\frac{123}{125}, \frac{246}{251})$은 분모가 크기 때문에 복잡합니다.

그러나 생각을 조금만 바꾼다면 쉽게 해결할 수 있습니다.

$(\frac{3}{4}, \frac{3}{5})$에서 분자의 크기가 같으므로 분모의 크기가 작은 $\frac{3}{4}$이 $\frac{3}{5}$보다 큽니다. 따라서 $(\frac{123}{125}, \frac{246}{251})$의 크기도 분자의 크기를 같게 하여 비교합니다.

$(\frac{123}{125}, \frac{246}{251}) \Rightarrow (\frac{246}{250}, \frac{246}{251})$에서 분모의 크기가 작은 $\frac{123}{125}$이 $\frac{246}{251}$보다 더 큰 수입니다.

▶▶ 그림 ①에서 큰 정삼각형이 작은 정삼각형의 몇 배인지 알아보는 방법은 그림 ②와 같이 작은 정삼각형을 180도 회전시켜 그림 ③과 같이 만들면 큰 정삼각형이 작은 정삼각형의 4배가 된다는 것을 쉽게 알 수 있습니다.

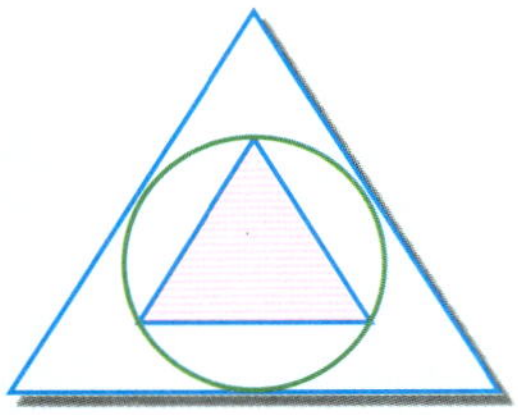

그림 ①

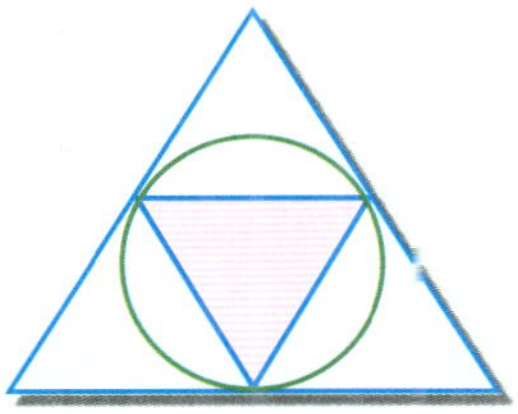

그림 ②

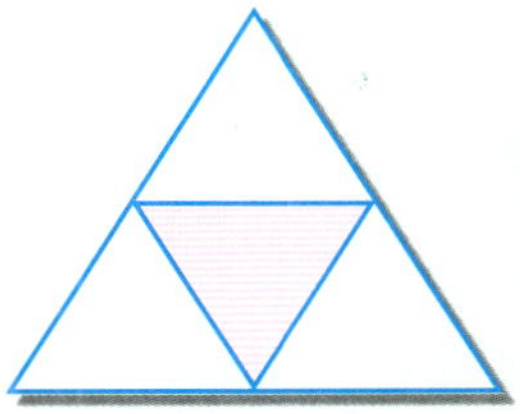

그림 ③

♣ 머리셈(mental math)으로 문제를 합리적으로 해결할 수 있게 했습니다.

▶▶ 2468642 × 0.5의 계산에서 0.5를 곱하는 것은 2로 나누는 것과 같습니다.

- $2468642 \times 0.5 = 2468642 \div 2 = 1234321$

▶▶ 2468642 × 5에서 5를 곱하는 것은 10을 곱하고 2로 나누는 것과 같습니다.

- $2468642 \times 5 = 2468642 \times 10 \div 2 = 12343210$

▶▶ 17 + 28 + 39 + 6의 계산은 수 가르기를 이용하여 해결합니다.

- $17 + 28 + 39 + 6 = 17 + 28 + 39 + (3 + 2 + 1)$
  $= (17 + 3) + (28 + 2) + (39 + 1) = 20 + 30 + 40 = 90$

▶▶ 1125 × 16에서 1125를 대분수로 고쳐 계산합니다.

- $0.125 = \frac{1}{8}$
- $1.125 = 1\frac{1}{8} = \frac{9}{8}$
- $1.125 \times 1000 = \frac{9}{8} \times 1000 \Rightarrow 1125 = \frac{9000}{8}$
- $1125 \times 16 = \frac{9000}{8} \times 16 = 9000 \times 2 = 18000$

♣ 실생활의 문제로 수학적 사실의 적용이 풍부해집니다.

▶▶ 우리 몸의 혈액의 양은 몸무게(kg)의 $\frac{1}{14}$L 정도이고, 적혈구의 개수는 $1mm^3$의 부피에 약 500만 개가 들어있으며, 적혈구 한 개의 지름의 길이는 0.007mm입니다.

따라서 몸무게가 56kg인 사람의 몸속에는 약 4L($56 \times \frac{1}{14}$)의 혈액이 들어있고, 적혈구의 개수는 약 20조개입니다.(400만mm^3 × 500만 = 20조) 또한 56kg인 사람의 적혈구를 한 줄로 늘어놓으면 약 14만km(20조 × 0.007 ÷ 1000000 = 14만km)입니다.

☞ 1L는 $1000000mm^3$이고, 1km는 1000000mm입니다.

▶▶ 네 종류의 당구공을 세 면의 당구대를 맞힌 후 같은 색깔의 구멍에 넣으려면 아래와 같은 방법으로 보내야 합니다.

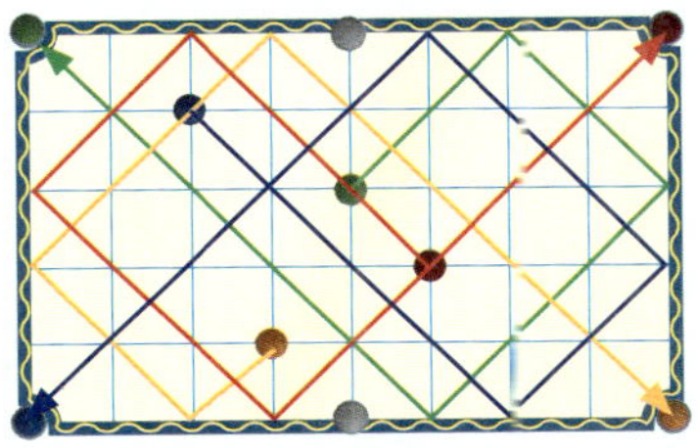

▶▶ 아래의 그림과 같이 종이를 세 번 접은 후 가위로 자르면 자른 부분의 모양이 오른쪽 그림과 같이 됩니다.

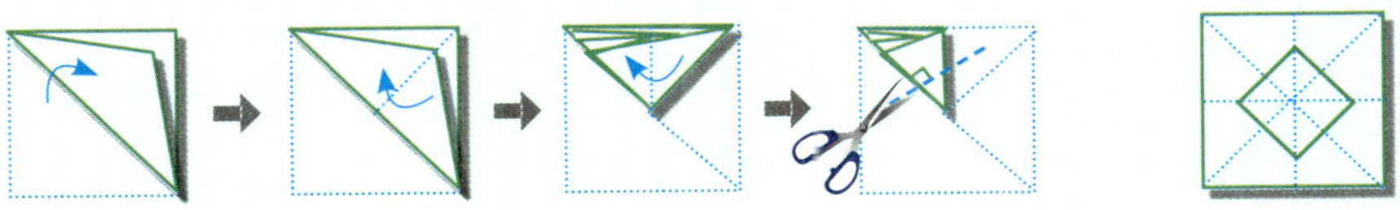

이렇게 활용하세요

♣ 생각의 샘 활용 방법

- ▶▶ 새로운 주제를 배우는지, 비슷한 주제를 배우는지 목적을 정확히 알아야 합니다.
- ▶▶ 학습 주제가 전에 배운 것과 관련이 있는지 생각해 봅니다.
- ▶▶ 문제를 소설이나 만화를 읽는 것처럼 빨리 읽지 말고, 내용과 문제해결방법을 생각하며 천천히 읽습니다.
- ▶▶ 그래프나 표를 읽을 때는 자를 이용하여 줄과 열을 정확히 읽습니다.
- ▶▶ 문제를 완전히 이해할 때까지 노력하고, 이해하지 못하면 처음으로 돌아가 다시 시작합니다.
- ▶▶ 문제에서 지시하거나 설명하는 것을 차근차근 읽습니다.
- ▶▶ 문장제 문제는 천천히 읽고 짧게 끊어서 읽습니다.
- ▶▶ 단계별로 문제에 접근하고, 안내된 학습을 적절히 이용합니다.
- ▶▶ 주어진 자료를 잘 이용하여 새로운 것을 탐구합니다.
- ▶▶ 다른 사람을 가르칠 수 있게 요약합니다.

♣ 수학적 힘 기르기 활용 방법

- 일주일에 1~2개의 주제를 선택하여 매일 2~3문제씩 해결합니다.
- 생각의 샘을 충분히 이해하고 수학적 힘 기르기 문제를 해결합니다.
- 문제해결 전략을 선택하여 해결합니다.
- 문제해결이 어려우면 안내된 학습을 충분히 활용합니다.
- 다양한 방법으로 문제를 해결해도 같은 답이 나오는지 확인합니다.
- 각 단계를 신중하게 검토하여 실수를 줄여야 합니다.
- 문제해결과정은 자세하지만 간결하게 나타내어야 합니다.
- 문제해결과정은 잘 정리하여 보기 좋고, 찾아보기 쉽게 합니다.
- 문제해결방법을 친구들과 토의하거나 협력하여 해결하는 것도 좋습니다.
- 선생님이 되어 문제해결방법을 친구에게 설명하는 것도 좋습니다.

☞ 본 교재의 '수학적 힘 기르기'를 수학공책에 정리하면서 해결하면 학습의 효과가 크고 여러 번 복습할 수 있는 장점이 있습니다.

차 례

생각의 샘

Contents

수학적 힘 기르기

♣ 생각의 샘 활용 방법

- 새로운 주제를 배우는지, 비슷한 주제를 배우는지 목적을 정확히 알아야 합니다.
- 학습 주제가 전에 배운 것과 관련이 있는지 생각해 봅니다.
- 문제를 소설이나 만화를 읽는 것처럼 빨리 읽지 말고, 내용과 문제해결방법을 생각하며 천천히 읽습니다.
- 그래프나 표를 읽을 때는 자를 이용하여 줄과 열을 정확히 읽습니다.
- 문제를 완전히 이해할 때까지 노력하고, 이해하지 못하면 처음으로 돌아가 다시 시작합니다.
- 문제에서 지시하거나 설명하는 것을 차근차근 읽습니다.
- 문장제 문제는 천천히 읽고 짧게 끊어서 읽습니다.
- 단계별로 문제에 접근하고, 안내된 학습을 적절히 이용합니다.
- 주어진 자료를 잘 이용하여 새로운 것을 탐구합니다.
- 다른 사람을 가르칠 수 있게 요약합니다.

생각의 샘

생각의 샘은
기본적으로 반드시 이해하고 있어야 할 필수문제를 수록하였습니다.
지금까지 볼 수 없었던 재미있는 주제와 다양한 문제로
수학적 지식이 풍부해지는 효과를 경험할 수 있답니다.

1 거울수는 어떤 것이 있을까

팰린드롬은 돌고 도는 물레방아라는 뜻으로 '2332', '55555'와 같이 앞에서부터 읽으나 뒤에서부터 읽으나 똑같은 수를 거울수(Palindromic Number, 팰린드롬 수)라고 합니다.

01 거울수인 11을 거듭 곱하여 새로운 거울수를 만들어 봅시다.

▶ $11 \times 11 = 121$

▶ $11 \times 11 \times 11 = 1331$

▶ $11 \times 11 \times 11 \times 11 = 14641$

☞ 위와 같이 거울수인 11을 네 번까지 거듭 곱하면 거울수를 만들 수 있습니다. 그렇지만 11을 다섯 번 곱하면 161051로 거울수가 안 됩니다. 따라서 11을 다섯 번 이상 곱하면 거울수를 만들 수 없습니다.

02 거울수인 101을 거듭 곱하여 새로운 거울수를 만들어 봅시다.

▶ $101 \times 101 = 10201$

▶ $101 \times 101 \times 101 = 1030301$

▶ $101 \times 101 \times 101 \times 101 = 104060401$

☞ 위와 같이 거울수인 101을 네 번까지 거듭 곱하면 거울수를 만들 수 있습니다. 그렇지만 101을 다섯 번 곱하면 10510100501로 거울수가 안 됩니다. 따라서 101을 다섯 번 이상 곱하면 거울수를 만들 수 없습니다.

03 거울수와 거울수를 곱하여 새로운 거울수를 만들어 봅시다.

▶ 2002 × 121 = 242242

▶ 2002 × 1221 = 2444442

▶ 2002 × 12221 = 24466442

▶ 2002 × 122221 = 244686442

▶ 2002 × 1222221 = 2446886442

☞ 2002에 1222⋯21을 곱하면 위와 같이 거울수를 만들 수 있으며 숫자 8의 개수는 1222⋯21의 숫자 2의 개수에서 3을 뺀 수와 같습니다.

04 거울수가 아닌 수를 거울수로 만드는 방법을 알아봅시다.

▶ 거울수는 안내된 학습과 같이 처음의 수를 거꾸로 만들어 더하기를 계속하면 만들 수 있습니다.

안내된 학습

47	28	578
+ 74	+ 82	+ 875
121	110	1453
	+ 011	+ 3541
	121	4994

아하! 그렇구나

'개구쟁이 스머프'의 원작에 등장하는 스머프의 키는 사과 3개를 포개어 놓았을 때의 크기라고 합니다. 그래서 개구쟁이 스머프 영화 제작자는 스머프의 키를 19.5cm, 정수리에서 턱까지의 길이는 8cm로 제작했는데 이는 2.5등신에 해당한다고 합니다.

☞ 등신 판정 방법 : 키 ÷ (정수리에서 턱 끝까지의 길이)

2 여러 가지 조건에 만족하려면

01 A~H의 빈칸에 1~9의 숫자를 한 번씩 써넣어 식이 성립하게 하려고 합니다. 각각의 문자에 알맞은 수를 구하는 방법을 연구해 봅시다. 단, 숫자 7은 제외합니다.

A	×	B	+	C	=	20
×		+		×		
7	×	D	−	E	=	20
+		+		×		
F	+	G	+	H	=	20
॥		॥		॥		
20		20		20		

▶▶ 주어진 자료의 주변을 살펴보면 문제해결의 실마리를 쉽게 찾을 수 있습니다.

- 7과 관련된 줄인 ㉮와 ㉲에서 문제해결의 실마리를 찾아야 합니다.
- 다음에 ㉰에서 세 수의 곱이 20이 되는 경우를 찾아보아야 합니다.
- ㉮에서 해결한 자료를 근거로 하여 ㉱의 문제를 해결하고, ㉳와 ㉯는 앞의 자료를 참고하여 해결합니다.
  따라서 문제해결의 순서는 ㉮ → ㉲ → ㉰ → ㉱ → ㉳ → ㉯로 하는 것이 좋습니다.

▶▶ ㉮에서 살펴보면 $A \times 7 + F = 20$에서 F가 1~9의 수이므로 $A \times 7$은 10초과 20미만의 수입니다. 따라서 A는 2이고, F는 6입니다.

- $10 < A \times 7 < 20$에서 $A = 2$, $A \times 7 + F = 20$에서 $2 \times 7 + F = 20$, $F = 6$

▶▶ ㉤에서 살펴보면 $7 \times D - E = 20$에서 E가 1~9의 수이므로 $7 \times D$는 20초과 30미만입니다. 따라서 조건에 맞으려면 D가 3 또는 4인 경우입니다.

1) D가 3인 경우: $7 \times D - E = 20$에서 E는 1

2) D가 4인 경우: $7 \times D - E = 20$에서 E는 8

그럼 위의 1), 2) 중에서 어느 것이 맞는지 다른 자료를 참고하여 알아봅시다.

● ㉢에서 살펴보면 $C \times E \times H = 20$에서 세 수의 곱이 20이 되는 경우는 $4 \times 5 \times 1 = 20$인 경우 밖에 없고, E는 1, 4, 5 중 하나입니다.

E가 1, 4, 5 중 하나이므로 1), 2)에서 조건에 맞는 경우는 E가 1인 경우입니다.

따라서 E는 1이고, D는 3입니다.

▶▶ ㉣에서 살펴보면 $A \times B + C = 20$에서 A가 2이므로 C는 짝수이어야 합니다. ㉢에서 살펴보면 세 수의 곱이 20이 되는 경우는 $4 \times 5 \times 1 = 20$인 경우 밖에 없으므로 C, E, H는 4, 5, 1 중 하나이고 짝수인 경우는 4밖에 없으므로 C는 4입니다.

따라서 $A = 2$, $C = 4$, $B = 8$

▶▶ ㉢에서 살펴보면 $C \times E \times H = 20$에서 $C = 4$, $E = 1$이므로 H는 5

▶▶ ㉥에서 살펴보면 $F + G + H = 20$에서 $F = 6$, $H = 5$이므로 G는 9

그러므로 $A = 2$, $B = 8$, $C = 4$, $D = 3$, $E = 1$, $F = 6$, $G = 9$, $H = 5$

아하! 그렇구나

'우리가 태어나면서부터 한 살이 되는 것처럼 서기(올해는 서기 2011년)도 0년이 존재하지 않고 서기 1년부터 시작합니다. 또 건물의 층을 말할 때도 1층, 2층, 3층, 지하 1층, 지하 2층이라고 부르기 때문에 0층은 존재하지 않습니다.

그러나 영국에서는 1층을 그라운드 플로어(0층), 2층을 퍼스트 플로어라고 하며 1로 표시합니다.

3 생각의 꼬리를 물고

01 아래의 그림에서 각각의 그림은 같은 수를 나타냅니다. 그림을 숫자로 바꾸는 방법을 연구해 봅시다.

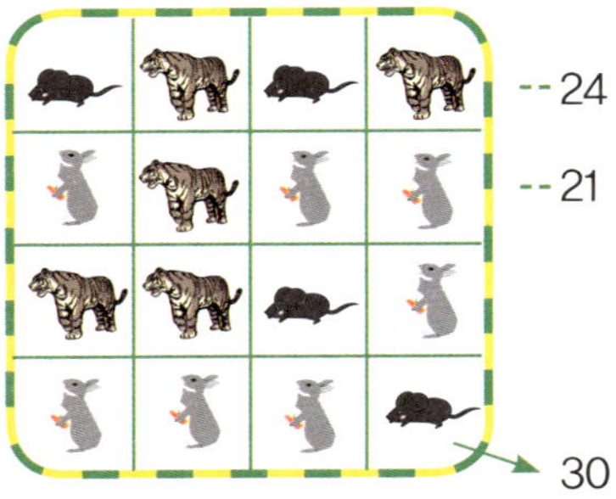

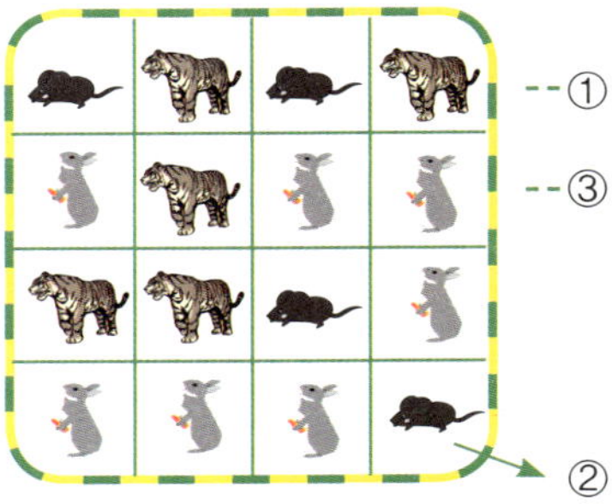

♣ 호랑이 한 마리와 쥐 한 마리의 합을 구할 수 있습니까?

▶▶ ①에서 호랑이 × 2 + 쥐 × 2 = 24 → 호랑이 × 1 + 쥐 × 1 = 12

♣ 호랑이 한 마리와 쥐 한 마리를 합한 수가 12입니다. 이를 적용하여 문제를 해결할 수 있습니까?

▶▶ ②에서 쥐 × 2 + (호랑이 × 1 + 쥐 × 1) = 30 → 쥐 × 2 + 12 = 30 → 쥐 = 9

♣ 쥐 한 마리는 9입니다. 이를 적용하여 문제를 해결할 수 있습니까?

▶▶ ①에서 호랑이 × 1 + 쥐 × 1 = 12 → 호랑이 × 1 + 9 = 12 → 호랑이 = 3

♣ 호랑이 한 마리는 3입니다. 이를 적용하여 문제를 해결할 있습니까?

▶▶ ③에서 호랑이 + 토끼 × 3 = 21 → 3 + 토끼 × 3 = 21 → 토끼 = 6

02 아래의 그림에서 각각의 문자의 합이 오른쪽의 수를 나타냅니다. 각각의 문자를 숫자로 나타내는 방법을 연구해 봅시다.

A	A	D	B	= 12	…… ①
D	C	D	A	= 12	…… ②
A	B	C	D	= 16	…… ③
C	C	A	C	= 24	…… ④

♣ ①과 ③에서 A는 C보다 얼마 작은 수입니까?

▶▶ ①과 ③에서 A와 C의 관계를 살펴보면 A는 C보다 4 작은 수임을 알 수 있습니다.

- $(A + B + C + D) - (A + A + D + B) = A + B + C + D - A - A - D - B = C - A$
  $16 - 12 = C - A$에서 $C - A = 4$, $A = C - 4$

♣ ④에서 A를 C로 바꾸어 A를 숫자로 바꾸어 봅시다.

▶▶ $3 \times C + A = 24$에서 $A = C - 4$이므로 A를 C로 바꾸면

- $3 \times C + (C - 4) = 24$, $4 \times C - 4 = 24$, $4 \times C = 28$, $C = 7$, $A = C - 4$, $A = 3$

♣ ②에서 D를 숫자로 바꾸어 봅시다.

▶▶ $D + C + D + A = 12$에서 $A = 3$, $C = 7$이므로 $D + 7 + D + 3 = 12$, $D = 1$

♣ ③에서 B를 숫자로 바꾸어 봅시다.

▶▶ $A + B + C + D = 16$에서 $A = 3$, $C = 7$, $D = 1$이므로 $3 + B + 7 + 1 = 16$, $B = 5$

아하! 그렇구나

광년은 빛이 진공 속을 1년 동안에 가는 거리를 나타내는 단위입니다. 빛은 1초에 30만 km를 갑니다. 따라서 빛이 1년 동안 간 거리는 약 9조 4600억km입니다.

4 조건에 맞게 수막대를 배치하려면

01 그림 ①과 같은 수막대1, 수막대2, 수막대3을 그림 ②에 가로 방향이나 세로 방향으로 배치하여 그 합이 모눈종이 둘레의 수와 같게 하는 방법을 연구해 봅시다.

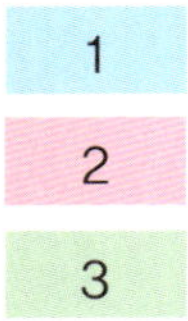

그림 ①

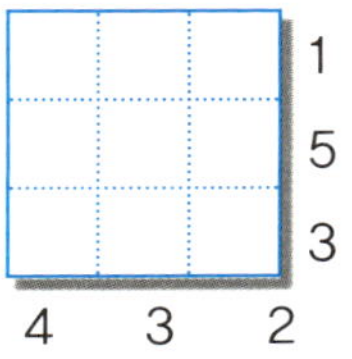

그림 ②

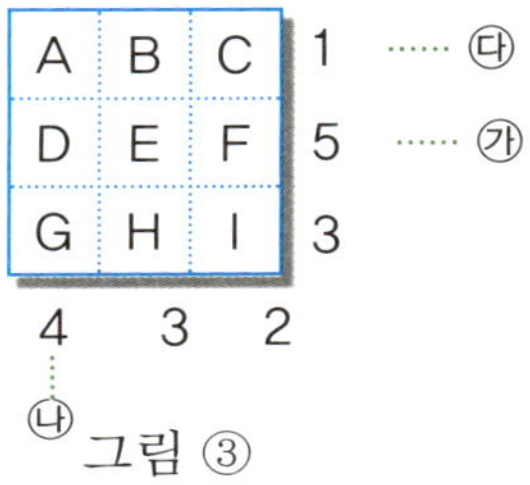

그림 ③

▶▶ 아래의 그림과 같이 수막대3을 배치하고, 수막대2, 수막대1을 차례로 배치합니다.

- 그림 ③의 ㉮, ㉯에서 D, G는 3, ㉮에서 E, F는 2, ㉰에서 A, B는 1

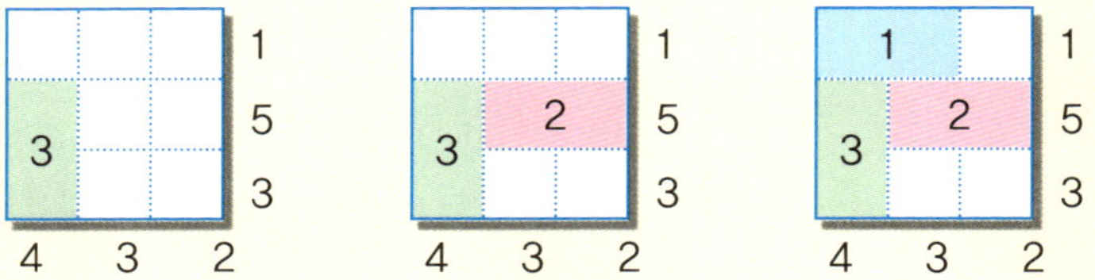

▶▶ 아래의 그림과 같이 수막대1을 배치하고 수막대2, 수막대3을 차례로 배치합니다.

- 그림 ③의 ㉰에서 A, B는 1, ㉮에서 E, F는 2, ㉮, ㉯에서 D, G는 3

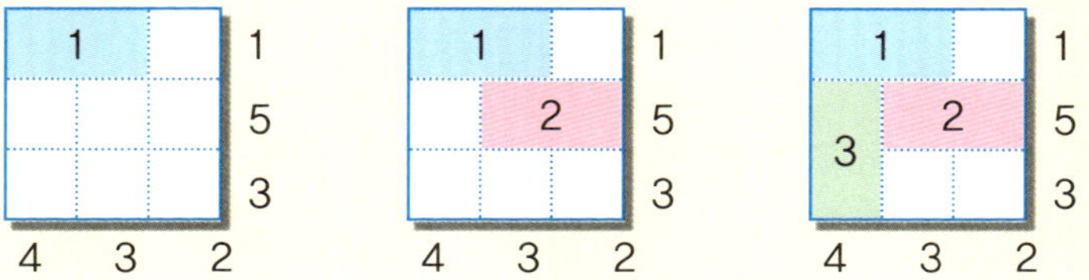

02 그림 ①과 같은 수막대1, 수막대2, 수막대3, 수막대4를 그림 ②와 같이 가로 방향이나 세로 방향으로 배치하여 그 합이 모눈종이 둘레의 수와 같게 하는 방법을 연구해 봅시다.

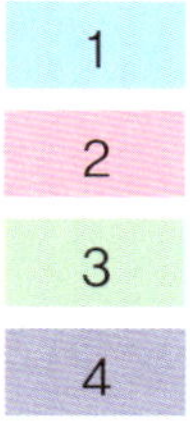

그림 ①

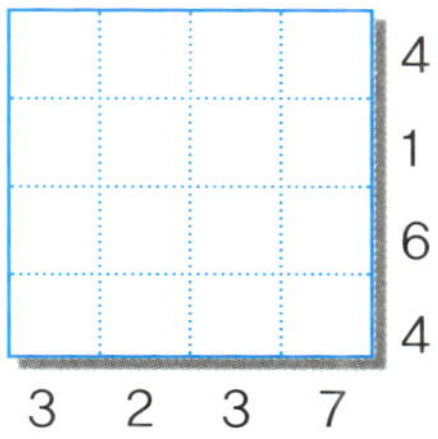

그림 ②

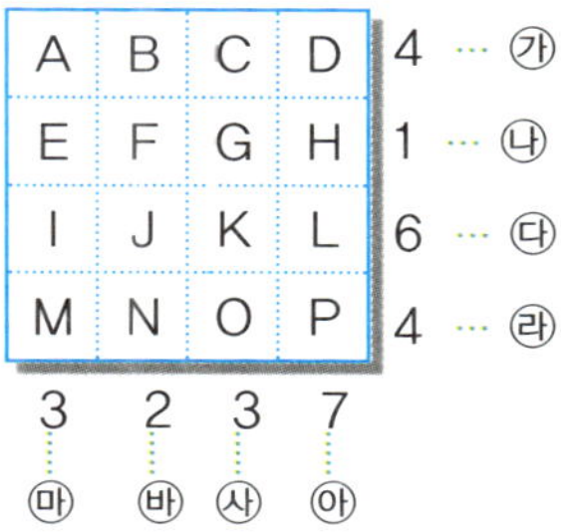

그림 ③

▶▶ ㉰줄과 ㉵줄에서 6, 7이므로 L과 P에 그림 ④와 같이 수막대4를 배치해야합니다.

▶▶ ㉵줄의 숫자의 합이 7이므로 D, H = (2 , 1) 또는 (3 , 0)이어야 합니다. 그런데 ㉳줄의 숫자의 합이 2이므로 ㉳줄에 수막대2가 있어야 합니다. 따라서 수막대3을 그림 ⑤와 같이 C, D에 배치해야 합니다.

▶▶ ㉮줄의 숫자의 합이 4이므로 A 또는 B가 1이어야 합니다. 그런데 B가 1이면 ㉳줄의 수막대의 합과 맞지 않으므로 A는 1이고 B는 0이 됩니다. 따라서 수막대1을 그림 ⑥과 같이 A, E에 배치해야 합니다.

▶▶ ㉰줄의 숫자의 합이 6이고 ㉲줄의 숫자의 합이 3이므로 수막대2를 그림 ⑦과 같이 I, J에 배치해야 합니다.

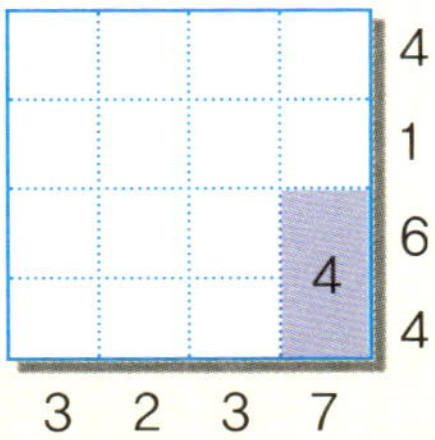

그림 ④

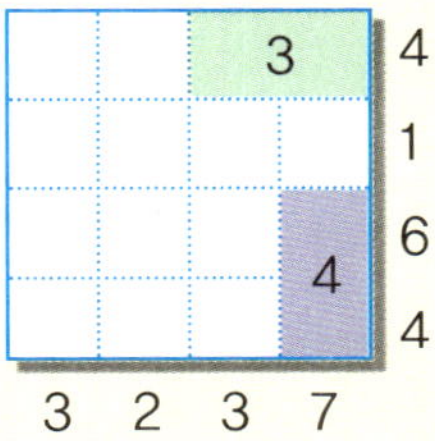

그림 ⑤

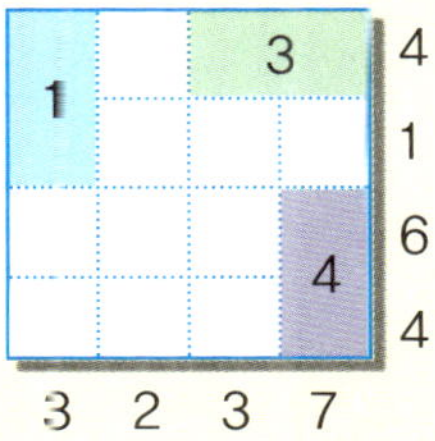

그림 ⑥

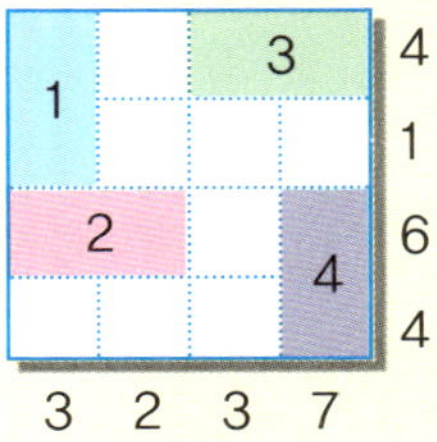

그림 ⑦

아하! 그렇구나

구기 종목 중에서 순간 속력이 가장 빠른 공은 배드민턴 셔틀콕으로 시속 300km나 됩니다.

5 한 쌍의 삼각자로 잴 수 있는 각은

01 한 쌍의 삼각자를 이용하여 다양한 각의 크기를 재는 방법을 연구해 봅시다.

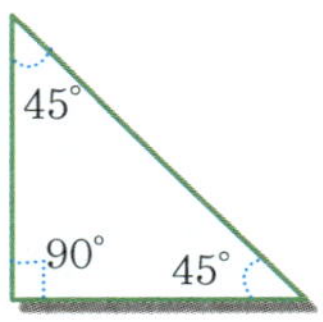

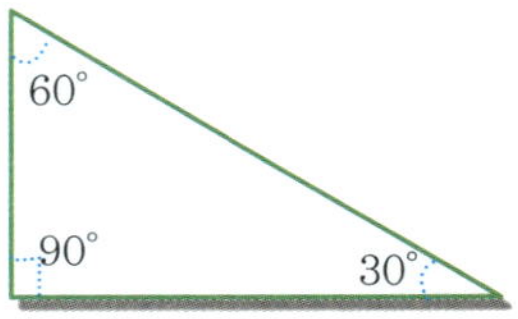

▶▶ 오른쪽 그림과 같이 한 쌍의 삼각자를 포개 놓았을 때 각bac의 크기를 구해봅시다.

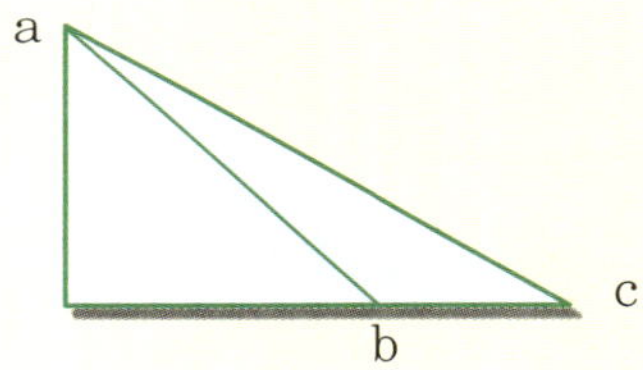

- 각bac의 크기는 60 − 45 = 15°입니다.

▶▶ 오른쪽 그림과 같이 한 쌍의 삼각자를 맞대어 놓았을 때 각bac의 크기를 구해봅시다.

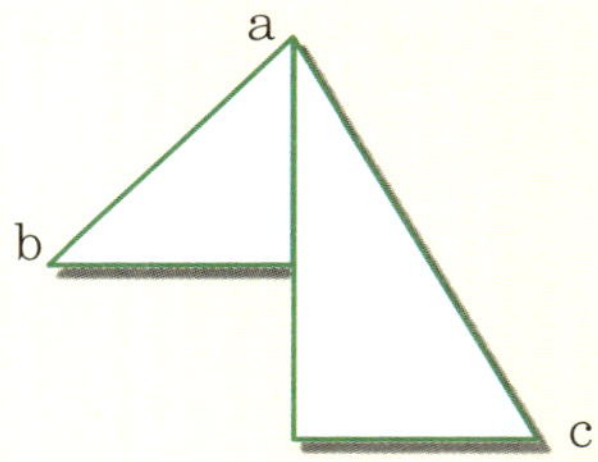

- 각bac의 크기는 45 + 30 = 75°입니다.

▶▶ 오른쪽 그림과 같이 한 쌍의 삼각자를 맞대어 놓았을 때 각bac의 크기를 구해봅시다.

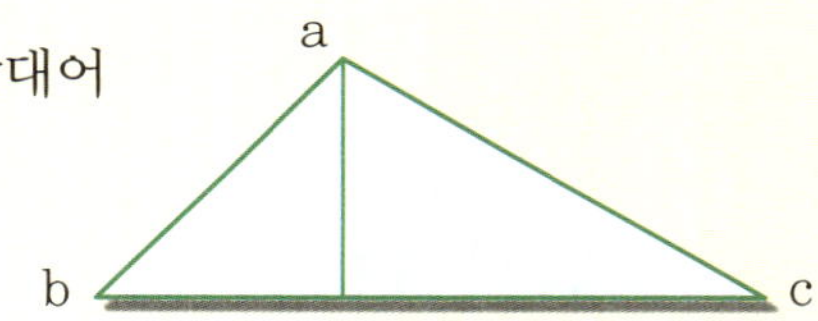

- 각bac의 크기는 45 + 60 = 105°입니다.

▶▶ 오른쪽 그림과 같이 한 쌍의 삼각자를 맞대어 놓았을 때 각abc의 크기를 구해봅시다.

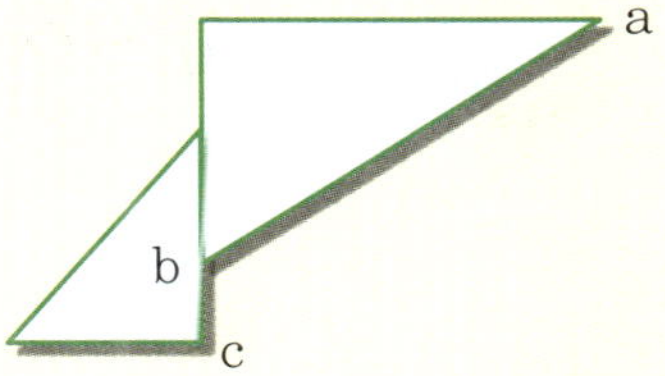

- 각abc의 크기는 180 − 60 = 120°입니다.

▶▶ 오른쪽 그림과 같이 한 쌍의 삼각자를 포개 놓았을 때 각abc의 크기를 구해봅시다.

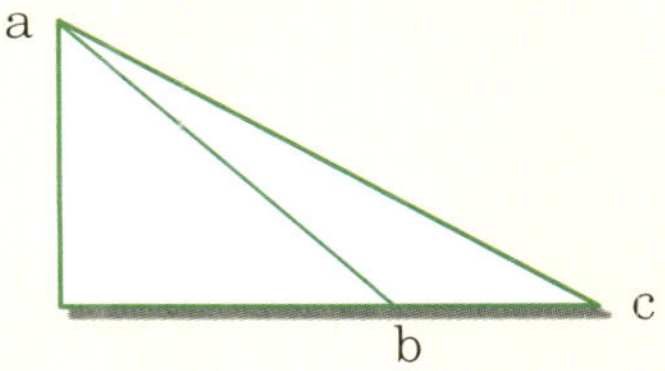

- 각abc의 크기는 180 − 45 = 135°입니다.

▶▶ 오른쪽 그림과 같이 한 쌍의 삼각자를 맞대어 놓았을 때 각abc의 크기를 구해봅시다.

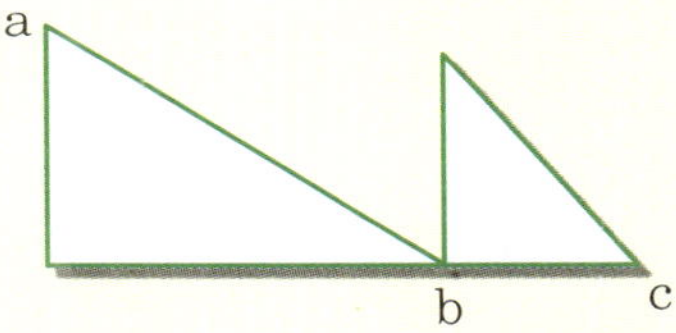

- 각abc의 크기는 180 − 30 = 150°입니다.

▶▶ 오른쪽 그림과 같이 한 쌍의 삼각자를 포개 놓았을 때 각abc의 크기를 구해봅시다.

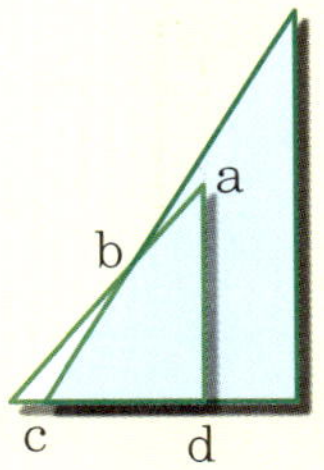

- 사각형abcd에서 각abc의 크기는 360 − (45 + 60 + 90) = 165°입니다.

아하! 그렇구나

140억 개나 되는 뇌세포 가운데 우리들이 보통 사용하고 있는 뇌세포의 양은 겨우 3% 정도입니다. 따라서 끊임없는 탐구심과 왕성한 호기심으로 나머지 97%의 부분을 자극시킨다면 자신의 꿈을 이룰 수 있을 것입니다.

6 길이가 같은 것을 찾는 방법은

01 그림 ①의 다각형의 둘레의 길이를 아래의 그림 ②~⑥을 참고하여 구해봅시다.

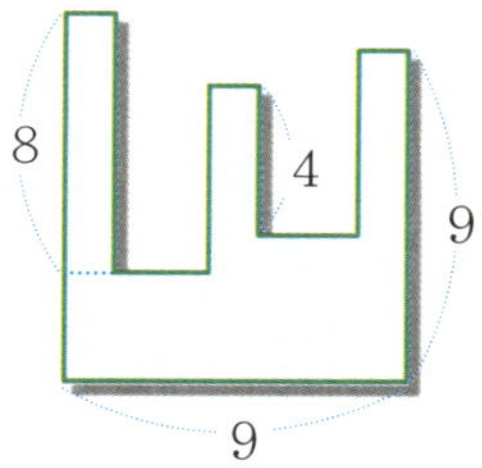

그림 ①

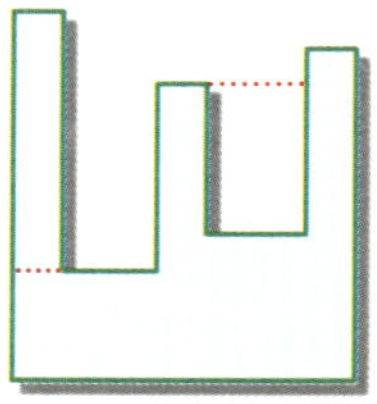

그림 ②

▶▶ 가장 중요한 것은 그림 ②와 같이 보조선을 긋는 것입니다. 그 다음에 그림 ③~그림 ⑥과 같이 주어진 길이를 이용하여 문제를 해결합니다.

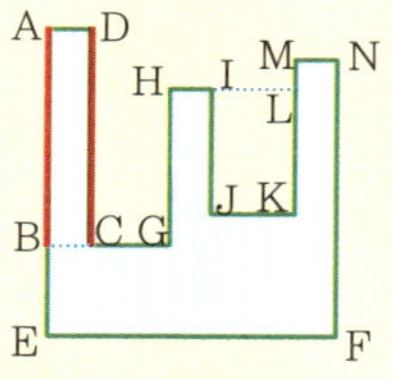

그림 ③

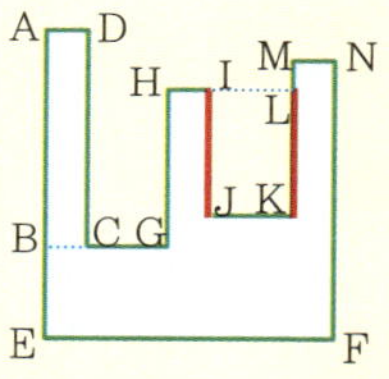

그림 ④

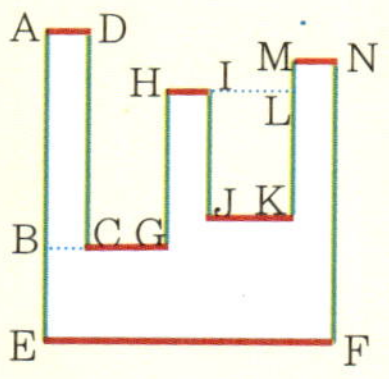

그림 ⑤

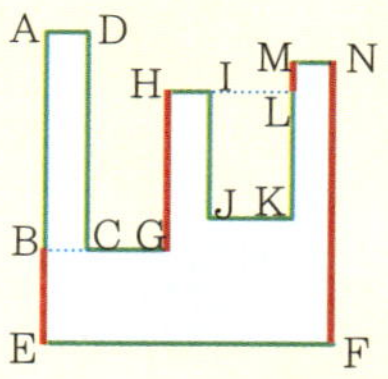

그림 ⑥

▶▶ 그림 ③에서 CD = AB이므로 CD = 8

▶▶ 그림 ④에서 LK = IJ이므로 LK = 4

▶▶ 그림 ⑤에서 AD + CG + HI + JK + MN = EF이므로
AD + CG + HI + JK + MN = 9

▶▶ 그림 ⑥에서 BE + HG + ML = NF이므로 BE + HG + ML = 9

▶▶ 그림 ①의 둘레의 길이는
$8 \times 2 + 4 \times 2 + 9 \times 2 + 9 \times 2 = 2 \times (8 + 4 + 9 + 9) = 60$

02 아래의 그림 ②~⑥을 참고하여 그림 ①의 다각형의 둘레의 길이를 구해봅시다.

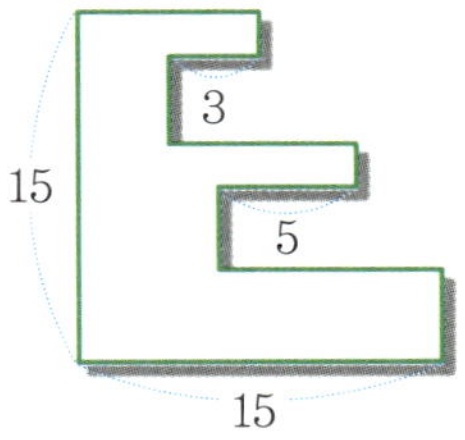

그림 ①

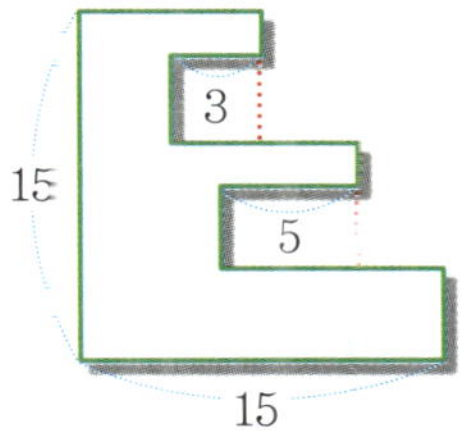

그림 ②

▶▶ 가장 중요한 것은 그림 ②와 같이 보조선을 긋는 것입니다. 그 다음에 그림 ③~⑥과 같이 주어진 길이를 이용하여 문제를 해결하는 것입니다.

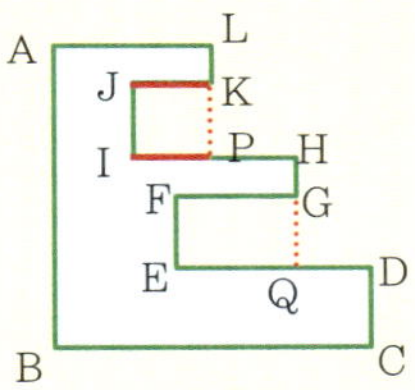

그림 ③

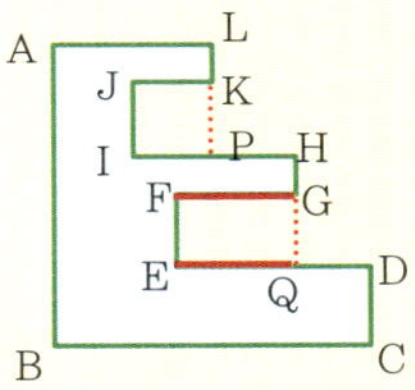

그림 ④

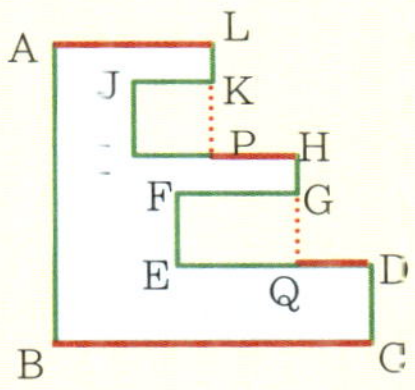

그림 ⑤

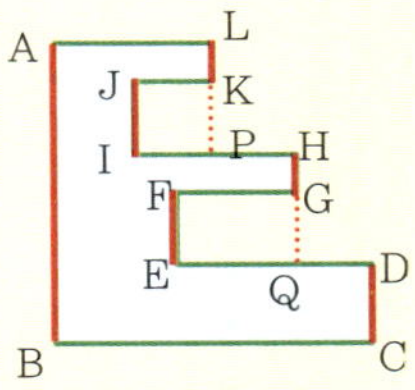

그림 ⑥

▶▶ 그림 ③에서 JK = IP이므로 IP = 3

▶▶ 그림 ④에서 FG = EQ이므로 EQ = 5

▶▶ 그림 ⑤에서 AL + PH + QD = BC이므로 AL + PH + QD = 15

▶▶ 그림 ⑥에서 LK + JI + HG + FE + DC = AB이므로

LK + JI + HG + FE + DC = 15

▶▶ 그림 ①의 둘레의 길이는

$3 \times 2 + 5 \times 2 + 15 \times 2 + 15 \times 2 = 2 \times (3 + 5 + 15 + 15) = 76$

2002년 월드컵에서 사용한 대형 태극기는 붉은 악마의 의뢰로 만들어졌으며 가로 60m, 세로 40m로 무게가 1.5톤이어서 8000명의 관중이 있어야 제대로 펼칠 수 있습니다.

7 점이 움직인 길을 어떻게 나타낼까

그림 ①과 같은 직각삼각형을 직선 위로 회전시켰을 때 점A가 움직인 길은 그림 ②와 같습니다.

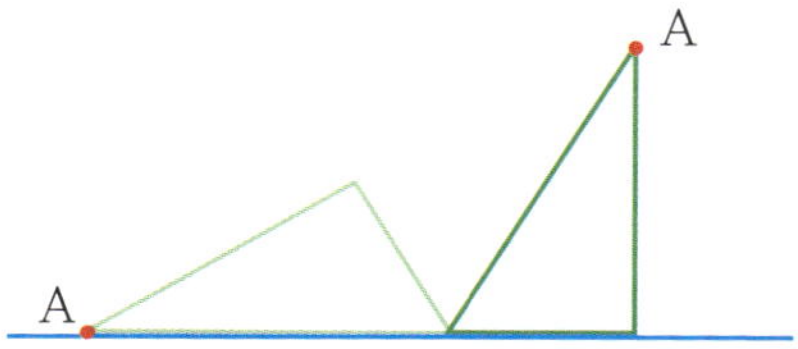
그림 ①

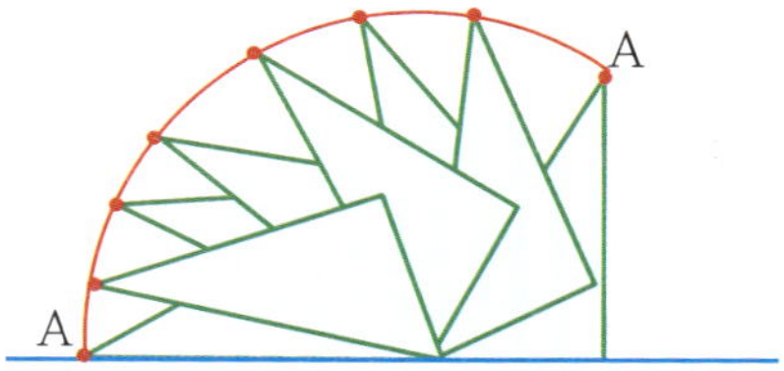
그림 ②

01 그림 ①과 같이 직각이등변삼각형을 직선 위로 1회전시켰습니다. 점A가 움직인 길을 그림에 나타내는 방법을 연구해 봅시다.

그림 ①

▶▶ 그림 ②와 같이 직각이등변삼각형의 움직임을 그림으로 나타낸 후 그림 ③과 같이 점A가 이동한 길을 곡선으로 나타냅니다.

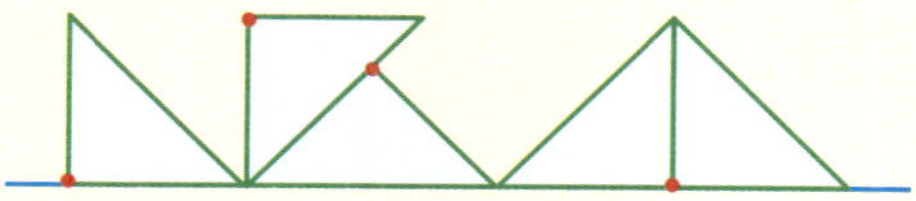
그림 ②

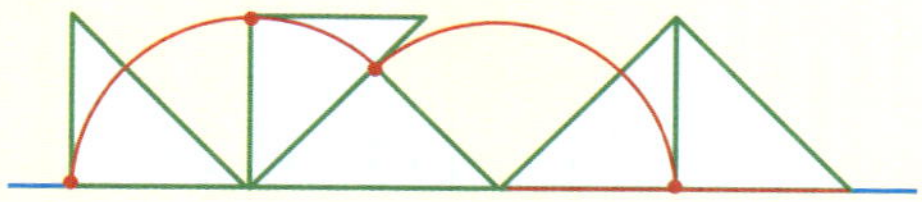
그림 ③

02 그림 ①과 같이 가로 3cm, 세로 2cm인 직사각형을 그림 ②와 같이 가로 10cm, 세로 5cm인 직사각형을 그림 ③과 같이 직사각형의 변위로 1회전을 시켰습니다. 점A가 움직인 길을 나타내는 방법을 연구해 봅시다.

그림 ①

그림 ②

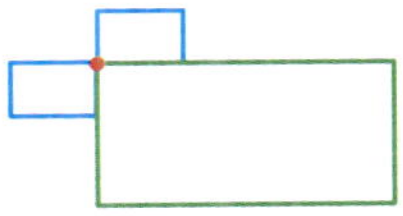
그림 ③

▶▶ 그림 ④와 같이 직사각형이 회전한 모양을 그리는 것이 가장 중요한 일입니다. 다음에 그림 ⑤와 같이 점의 움직임을 정확하게 나타낸 후 그림 ⑥과 같이 점A가 움직인 길을 곡선으로 나타냅니다.

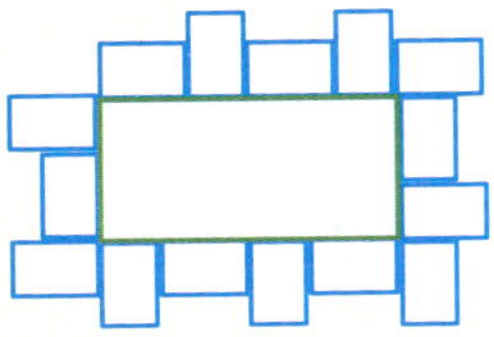
그림 ④

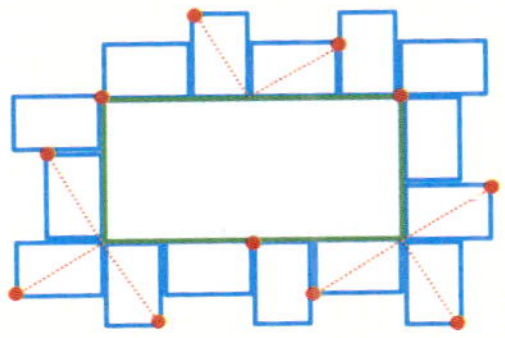
그림 ⑤

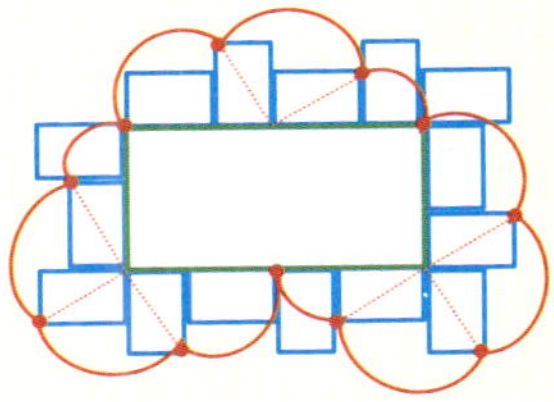
그림 ⑥

아하! 그렇구나

농촌을 지나가다 보면 유리로 만든 온실을 볼 수 있습니다. 그런데 이 유리온실의 지붕이 이루는 각은 지방에 따라 다릅니다. 각 지방별 유리온실의 각은 그 지방의 위도와 관련이 있으며 그 지방의 위도에 15도를 합한 각도입니다. 따라서 서울지역의 위도가 북위36.5°이므로 서울 지역 유리온실 지붕의 각도는 51.5°가 적당합니다.

8 프로그램과 로봇 통과 방법은

01 앞뒤가 구분되지 않는 로봇에 프로그램을 입력했는데 오류가 생겨 전진, 후진, 좌회전만 가능하고 우회전은 불가능합니다. 로봇이 장애물을 비켜서 목적지로 가는 방법을 연구해 봅시다.

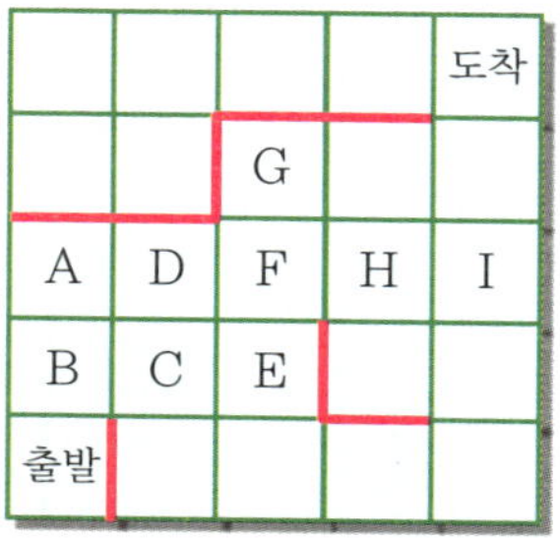

그림 ①

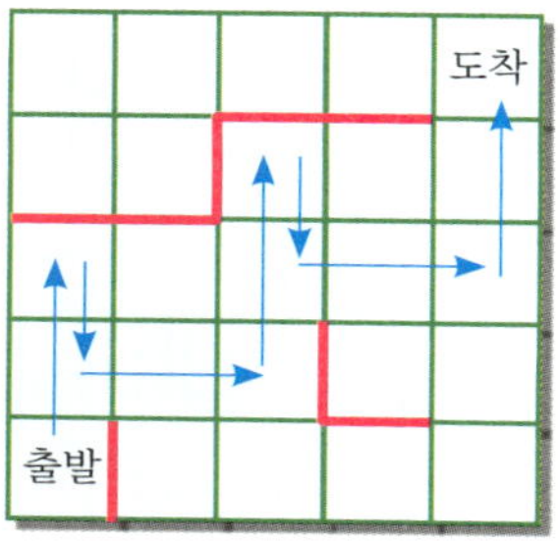

그림 ②

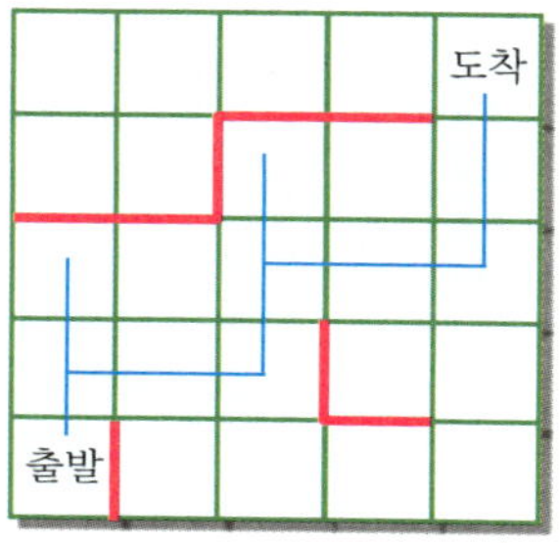

그림 ③

- ▶▶ 로봇이 출발하여 갈 수 있는 길은 A 또는 B인데 B에서 좌회전 할 수 없으므로 A까지 가야 합니다.
- ▶▶ A에서도 좌회전 할 수 없으므로 B로 되돌아오면 B에서 좌회전 할 수 있습니다.
- ▶▶ C에서 좌회전하면 D로 갈 수 있으나 D에서 좌회전 할 수 없으므로 C에서 E로 이동합니다.
- ▶▶ E에서 좌회전하면 G, F로 갈 수 있는데 좌회전은 불가능합니다. 따라서 G까지 갔다가 F로 돌아오면 F에서 좌회전을 할 수 있습니다.
- ▶▶ I에서 좌회전 할 수 있으므로 F에서 I까지 직진한 후 I에서 좌회전하면 그림 ②와 같이 목적지에 도착할 수 있습니다.

02 그림 ①과 같이 너비가 2cm인 통로를 반지름의 길이가 2cm인 반원을 A에서 B까지 통과시키는 방법을 연구해 봅시다.

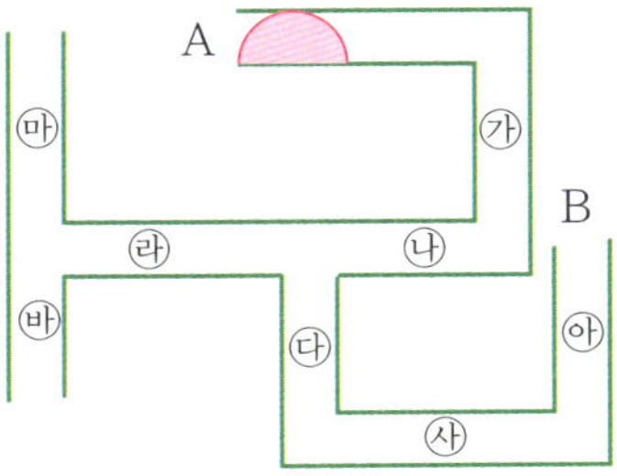

그림 ①

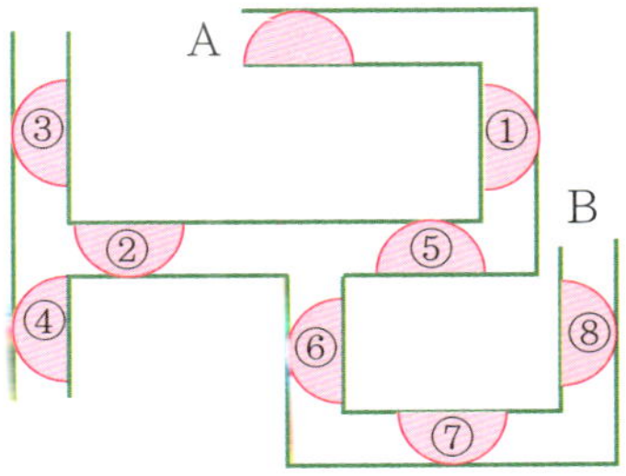

그림 ②

- 반원의 곡선 부분은 모서리를 통과할 수 있으므로 반원은 직각 회전하여 ㉮로 갈 수 있습니다. 〈위치 ①〉
- ㉮를 통과한 반원은 직각 회전하여 ㉯로 갈 수 있습니다.
- ㉯를 통과한 반원은 ㉰를 통과할 수 없습니다. 따라서 ㉱의 지역으로 직진하여 ㉲의 방향으로 직각 회전합니다. 〈위치 ② → 위치 ③〉
- ㉳의 방향으로 이동하여 반원의 방향을 180° 회전시킵니다. 〈위치 ③ → 위치 ④〉
- ㉳의 방향에서 ㉱의 방향으로 이동하여 ㉰의 방향으로 직각 회전합니다. 〈위치 ④ → 위치 ⑤ → 위치 ⑥〉
- ㉰의 방향에서 직각 회전하면 ㉴의 방향으로, ㉴의 방향에서 ㉵의 방향으로 직각 회전하면 B의 방향으로 갈 수 있습니다. 〈위치 ⑥ → 위치 ⑦ → 위치 ⑧〉

아하! 그렇구나

라면국물 50mL를 물고기들이 살 수 있는 깨끗한 물로 만드는데 188L의 물이 필요하고, 우유 50mL를 깨끗한 물로 만드는데 1035L의 물이 필요합니다.

9 두 세트의 탱그램 도구로 만든 동물은

01 그림 ①과 같은 두 세트의 탱그램 조각으로 그림 ②와 같은 동물을 만드는 방법을 연구해 봅시다.

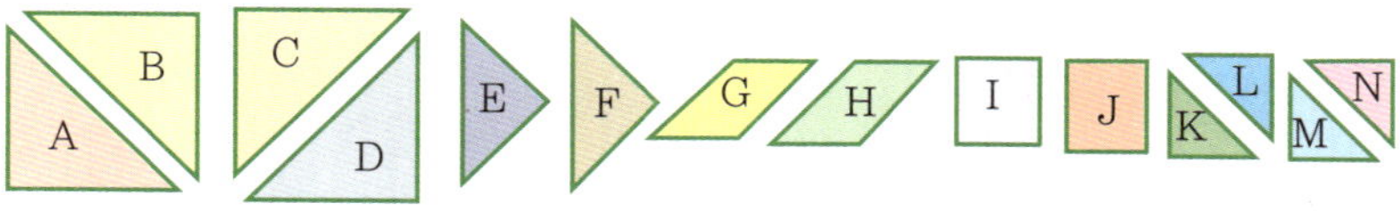

그림 ①

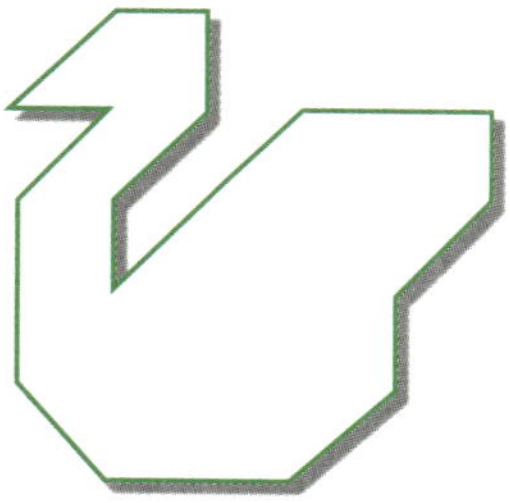
그림 ②

▶▶ 제일 먼저 그림 ③과 같이 3개의 큰 조각으로 나누어 봅니다.
큰 조각으로 나누는 방법은 모서리와 모서리를 연결하여 나누는 것이 좋습니다.

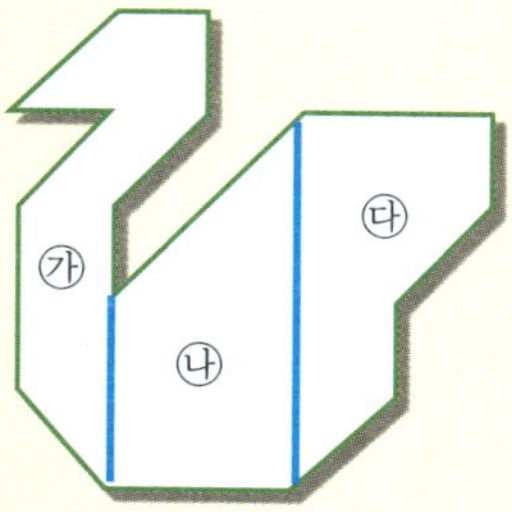

그림 ③

▶ 두 번째, 가장 큰 삼각형을 어디에 배치하는 것이 좋은지 생각합니다. ㉯ 부분에서 살펴보면 그림 ④와 같이 3개의 삼각형을 배치할 수 있습니다.

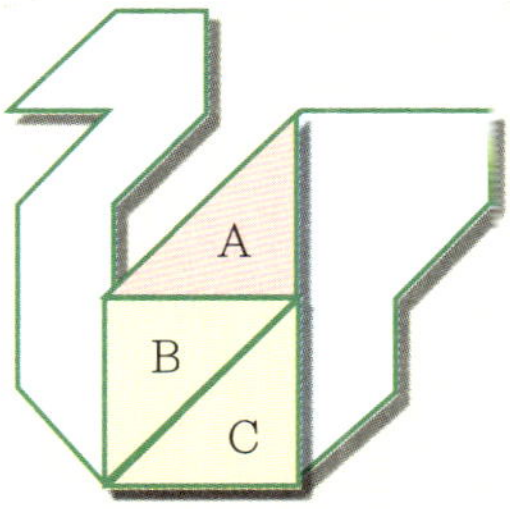

그림 ④

▶ 세 번째, 나머지 한 개의 큰 삼각형을 어디에 배치하는 것이 좋은지 생각합니다. ㉰부분에서 살펴보면 그림 ⑤와 같이 1개의 삼각형을 배치할 수 있습니다. 그리고 나머지 부분을 여러 개의 도형으로 나누면 그림 ⑤와 같습니다.

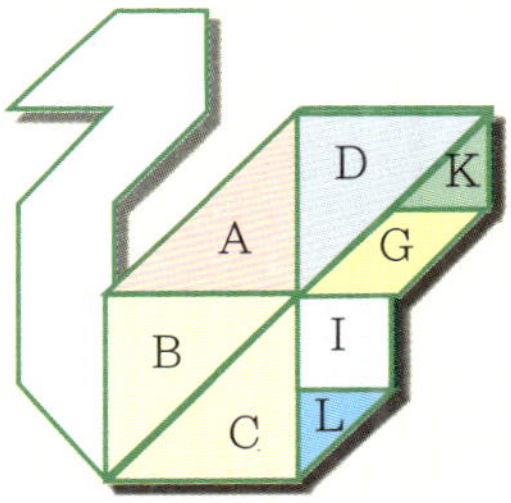

그림 ⑤

▶ 네 번째, ㉯와 ㉰에서 8조각을 사용하였으므로 ㉮부분에는 6조각을 사용해야 합니다. 따라서 ㉮부분을 6조각으로 나누면 그림 ⑥과 같습니다.

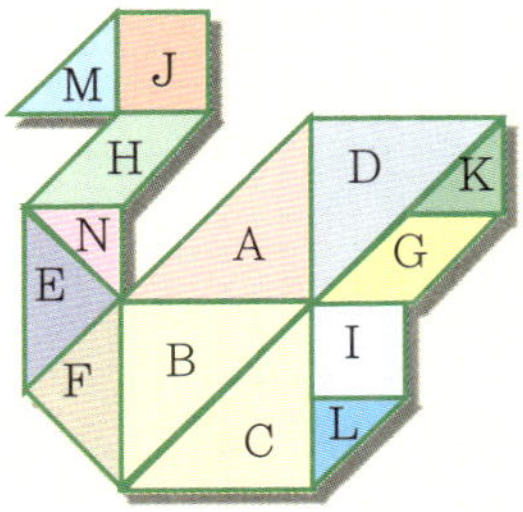

그림 ⑥

아하! 그렇구나

식충식물인 파리지옥이 먹이를 낚아채는데 걸리는 시간은 약 0.1초 정도라고 합니다.

10 마방진 문제를 해결하는 방법은

지금부터 약 4,000년 전 중국의 하나라시대에 강바닥을 정리하다가 큰 거북을 잡았는데 아래의 그림과 같이 신비한 무늬가 새겨져 있었습니다. 많은 사람들의 연구 결과 9개의 숫자가 가로, 세로 3개씩 적혀 있다고 생각했고, 가로, 세로, 대각선의 숫자의 합이 모두 15가 된다는 사실을 알아냈다고 합니다.

이와 같이 네 구석에 숫자가 적혀 있어서 "방진"이라고 불렀으며, 유럽으로 건너가 마방진으로 불리어지게 되었습니다.

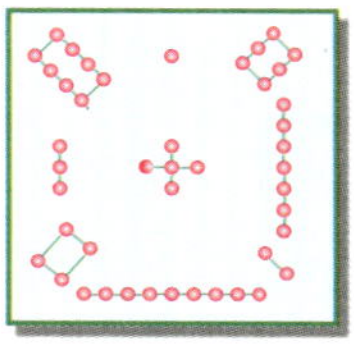

→

8	1	6
3	5	7
4	9	2

홀수 마방진을 완성하는 방법은 여러 가지 있으나 여기에서는 아래와 같은 방법으로 해결해봅시다.

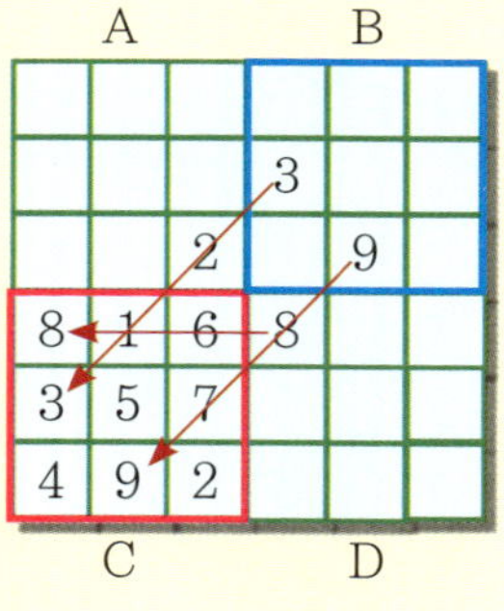

① 가장 작은 수인 1을 첫째 줄의 가운데에 써넣습니다.

② 두 번째 수인 2를 1을 쓴 칸의 오른쪽으로 1칸, 위로 한 칸에 써넣습니다.

③ 세 번째 수인 3을 2를 쓴 칸의 오른쪽으로 1칸, 위로 한 칸에 써넣습니다.

④ C부분에 정사각형 밖의 수를 써넣습니다.
즉, 2는 A 부분의 셋째 줄 셋째 칸에 있으므로 C부분의 셋째 줄 셋째 칸에 2를 써 넣습니다. 3은 B부분의 둘째 줄 첫째 칸에 있으므로 C부분의 둘째 줄 첫째 칸에 3을 써 넣습니다.

⑤ C부분의 3 아래에 4를 써넣고, 5, 6을 ②, ③과 같은 방법으로 써 넣습니다.

⑥ C부분의 6 아래에 7을 써넣고, 8, 9를 ②, ③과 같은 방법으로 써 넣고, ④와 같은 방법으로 숫자를 C로 옮겨 완성합니다.

01 위와 같은 방법으로 5에서 13의 수를 넣어 가로, 세로, 대각선의 세 수의 합이 27인 9칸 마방진을 만드는 방법을 연구해 봅시다.

① 가장 작은 수인 5를 첫째 줄의 가운데에 써넣은 후 그림과 같이 대각선 방향으로 숫자를 써 넣고 7과 6을 그림과 같이 옮깁니다.

② 7 바로 아래에 8, 9, 10을 그림과 같이 대각선으로 써 넣습니다.

③ 10 바로 아래에 11을 써넣고, 그림과 같이 대각선으로 12, 13을 써 넣은 다음 12와 13을 그림과 같이 옮겨 완성하면 오른쪽과 같이 마방진을 완성할 수 있습니다.

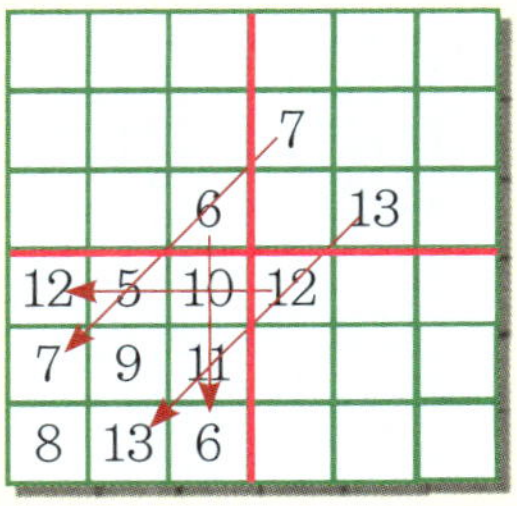

12	5	10			
7	9	11			
8	13	6			

02 1에서 25의 수를 넣어 가로, 세로, 대각선의 5개의 숫자의 합이 65인 25칸 마방진 만드는 방법을 연구하면 아래와 같습니다.

						5			
					4			20	
				3	10		19		
			2	9		18	25		
17	24	1	8	15	17	24			
23	5	7	14	16	23				
4	6	3	20	22					
10	12	19	21	3					
11	18	25	2	9					

17	24	1	8	15					
23	5	7	14	16					
4	6	3	20	22					
10	12	19	21	3					
11	18	25	2	9					

아하! 그렇구나

독도의 가장 동쪽의 위치는 동경 131도 52분 42초입니다.

11 윗접시저울로 물체의 무게를 나누려면

01 설탕 5kg을 윗접시저울과 750g짜리 분동(저울추)을 이용하여 2kg과 3kg으로 나누는 방법을 연구해 봅시다. 단, 윗접시저울은 세 번 사용할 수 있습니다.

▶▶ 먼저 그림 ①과 같이 설탕 5kg을 윗접시저울의 양쪽에 수평이 되게 올려놓아 2500g씩 나눕니다.

그림 ①

▶▶ 두 번째, 그림 ②와 같이 2500g의 설탕을 윗접시저울의 양쪽에 수평이 되게 올려놓아 1250g씩 나눕니다.

그림 ②

▶▶ 세 번째, 그림 ③과 같이 윗접시저울의 왼쪽에 1250g의 설탕과 750g의 분동을 올려놓고 오른쪽에 수평이 되게 설탕을 올려놓으면 무게가 2kg의 설탕을 잴 수 있습니다. 따라서 나머지 설탕의 무게는 3kg입니다.

그림 ③

02 설탕 468g을 윗접시저울과 120g, 6g짜리 분동을 이용하여 90g의 설탕을 덜어내는 방법을 연구해 봅시다. 단, 윗접시저울은 세 번 사용할 수 있습니다.

▶▶ 먼저 그림 ①과 같이 윗접시저울의 왼쪽에 120g의 분동을 올려놓고 설탕 468g을 174g과 294g으로 나눕니다.

- (468 − 120) ÷ 2 = 174에서 왼쪽에 174g의 설탕과 120g짜리 분동(174 + 120 = 294)을, 오른쪽에 294g(468 − 174 = 294)의 설탕을 올려놓아 수평이 되게 합니다.

그림 ①

▶▶ 두 번째, 그림 ②와 같이 윗접시저울의 왼쪽에 174g의 설탕과 6g의 분동을 올려놓고, 오른쪽에 설탕을 올려놓아 수평이 되게 하면 180g의 설탕의 무게를 잴 수 있습니다.

그림 ②

▶▶ 세 번째, 그림 ③과 같이 180g의 설탕을 윗접시저울의 양쪽에 올려놓아 수평이 되게 하면 90g의 설탕의 무게를 잴 수 있습니다.

그림 ③

아하! 그렇구나

중국이나 우리나라에서 구구단은 처음에 '구구 팔십일'부터 거꾸로 외웠다고 합니다. 그러던 것이 13세기 원나라(중국) 무렵부터 '일일은 일'부터 구구단이 시작되었으며 우리나라도 중국의 영향을 받아 '일일은 일'부터 시작하였다고 합니다.

12 논리적으로 문제를 해결하는 방법은

01 아버지와 두 자녀가 무인도에서 육지로 가려고 합니다. 아버지의 몸무게는 68kg, 아들의 몸무게는 38kg, 딸의 몸무게는 30kg입니다. 세 사람이 무인도에서 육지로 가는 방법을 연구해 봅시다. 단, 배에 탈 수 있는 무게는 68kg이며 세 사람 모두 배를 운전할 수 있습니다.

☞ 배에 탈 수 있는 무게가 68kg이므로 넘치지 않게 이동하는 방법을 연구해야 합니다.

- 처음에 아들과 딸(38 + 30 = 68kg)이 함께 육지로 건너갑니다.
- 두 번째, 아들(38kg) 혼자 무인도로 건너갑니다.
- 세 번째, 아들을 무인도에 혼자 남겨 둔 채 아버지(68kg) 혼자 육지로 건너갑니다.
- 네 번째, 딸(30kg)이 무인도로 건너갑니다.
- 다섯 번째, 아들과 딸(38 + 30 = 68kg)이 함께 육지로 건너갑니다.
- 아버지: A, 아들: a, 딸: b

횟 수	무인도	건너기	육 지	방 법
처 음	Aab			
1	A	→	ab	아들과 딸이 함께 육지로 갑니다.
2	Aa	←	b	아들이 무인도로 갑니다.
3	a	→	Ab	아버지 혼자 육지로 갑니다.
4	ab	←	A	딸이 무인도로 갑니다.
5		→	Aab	아들과 딸이 함께 육지로 갑니다.

02 농부가 배를 이용하여 섬에서 당근, 토끼, 여우를 육지로 옮기려고 하는데 배에는 한 종류의 생물만 실을 수 있습니다. 그런데 당근과 토끼를 같이 놓으면 토끼가 당근을 먹어버리고, 토끼와 여우를 같이 놓으면 여우가 토끼를 잡아먹습니다. 그렇지만 여우는 당근을 먹지 않습니다. 모든 생물에게 피해가 생기지 않게 옮기는 방법을 설명하시오.

☞ 토끼와 여우를 함께 두면 안 되고, 토끼와 당근은 함께 둘 수 없다는 것에서 문제 해결의 실마리를 찾아야 합니다.

- 여우와 토끼를 함께 놓으면 여우가 토끼를 잡아먹으므로 여우와 당근을 섬에 놓고, 토끼를 육지로 옮깁니다.
- 토끼를 육지에 내려놓고 농부 혼자 섬으로 건너갑니다.
- 섬으로 건너가 여우를 육지로 옮기고, 토끼를 섬으로 옮깁니다.
- 섬에서 토끼를 내려놓고 여우가 먹지 않는 당근을 싣고 육지로 옮깁니다.
- 육지에 당근과 여우를 함께 놓고, 농부 혼자 섬으로 건너갑니다.
- 섬에 있는 토끼를 데리고 육지로 데려 오면 무사히 토끼, 여우, 당근을 옮길 수 있습니다.

아하! 그렇구나

지구가 가진 물의 양은 바닷물이 약 97.51%, 민물이 약 2.48%를 차지하고 기타의 물은 수증기와 생물에 포함된 물로 약 0.01%를 차지합니다.

민물은 얼음이 70.56%, 지하수가 29.03%, 호수의 물이 0.36%를 차지하며 나머지는 흙 속에 포함되거나 개울물 속에 있습니다.

대기 중의 물(수증기)은 약 0.001%를 차지하며 동식물에 포함된 물의 양은 아주 적은 양으로 0.0001%를 차지합니다.

13 공간을 이용한 문제해결방법은

01 그림 ①에서 성냥개비 2개를 움직이면 그림 ②와 같이 66을 만들 수 있습니다.

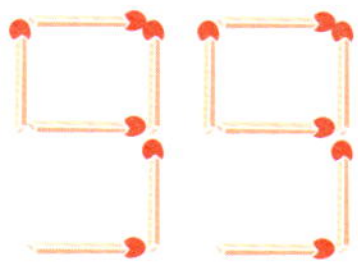

그림 ①

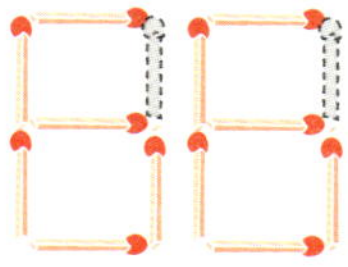

그림 ②

♣ 성냥개비 2개를 움직여 계산 결과가 25인 수를 만드는 방법을 연구해 봅시다.

▶▶ 위에서 계산 결과가 25이므로 연산기호를 사용했음을 알 수 있습니다. 그리고 성냥개비 2개를 움직여 연산기호를 만들 수 있는 것은 더하기, 빼기, 곱하기 밖에 없습니다. 만약 더하기를 했다면 그림 ③과 같이 계산 결과는 10, 6, 8이 됩니다. 또, 빼기를 했다면 그림 ④와 같이 계산 결과는 1, 3, 3, 5가 됩니다. 더하기와 빼기를 하여도 계산 결과가 25가 되는 수를 만들 수 없으므로 다른 방법을 생각해보아야 합니다.
즉, 두 개의 성냥개비를 사선으로 배열하여 곱하기를 하면 그림 ⑤와 같이 계산 결과가 25인 수를 만들 수 있습니다.

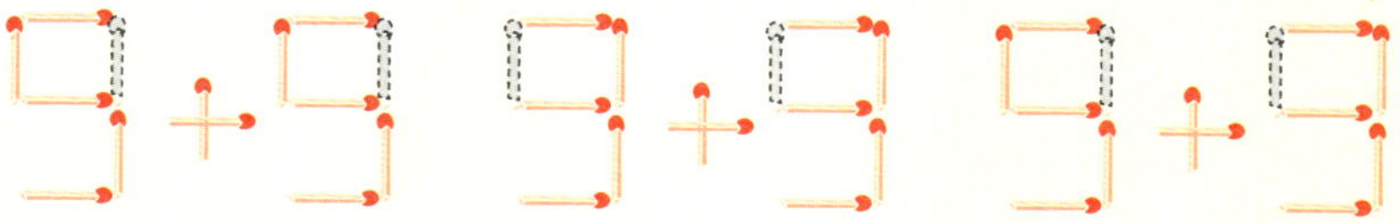

그림 ③

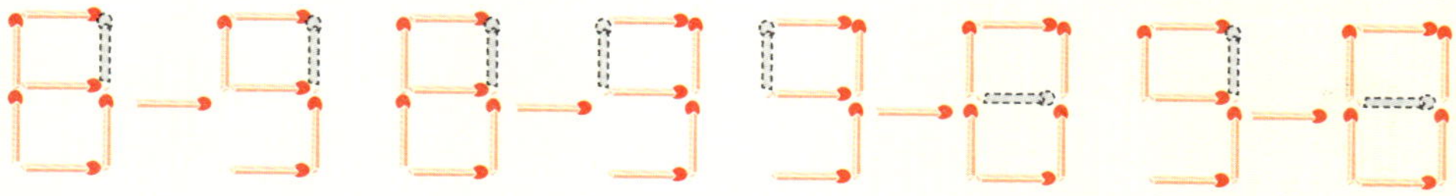

그림 ④

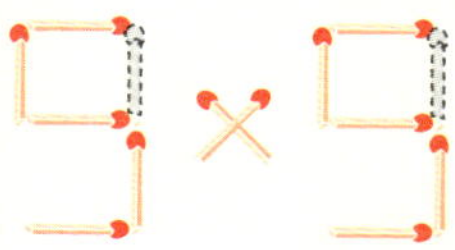

그림 ⑤

02 그림 ①에서 성냥개비 2개를 옮겨 크기가 같은 정사각형 4개로 만드는 방법을 연구하면 그림 ③과 같습니다.

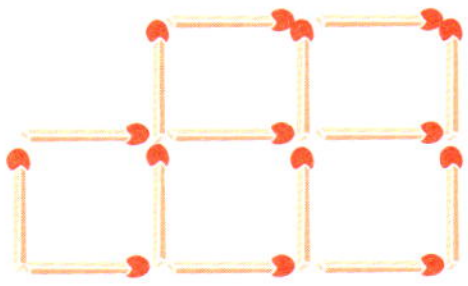
그림 ①

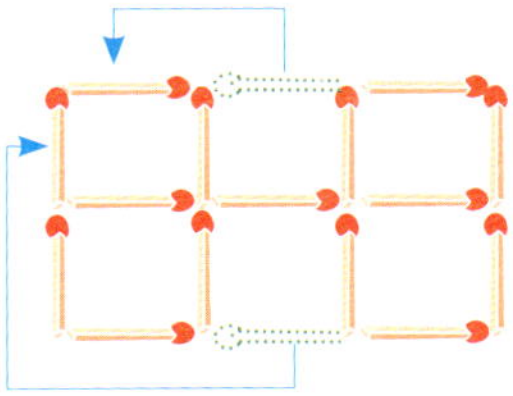
그림 ②

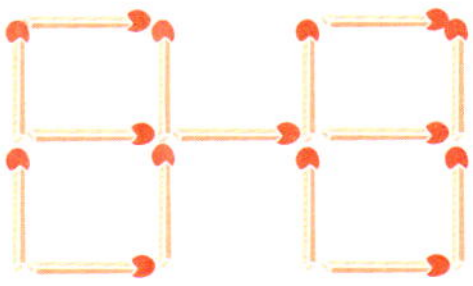
그림 ③

03 그림 ①에서 성냥개비 3개를 옮겨 크기가 같은 정사각형 7개로 만들면 그림 ②와 같고, 성냥개비 4개를 옮겨 정사각형 6개로 만들면 그림 ③과 같습니다.

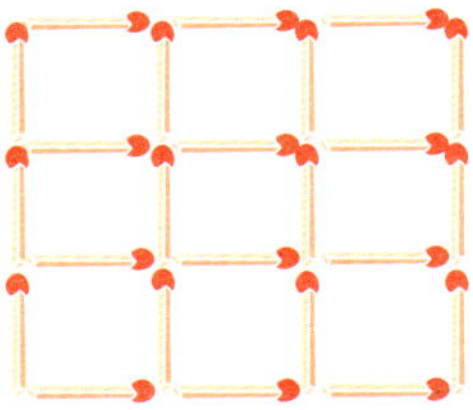
그림 ①

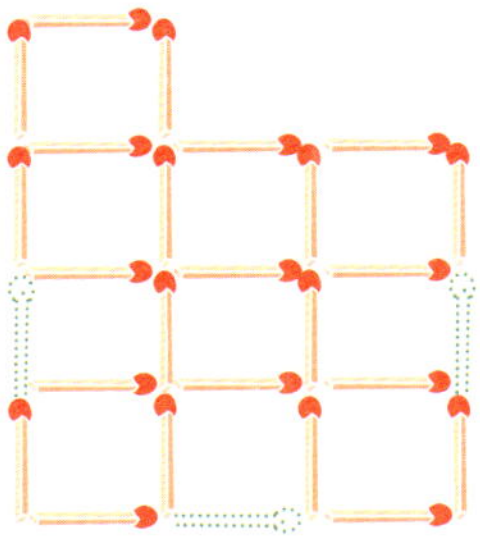
그림 ②

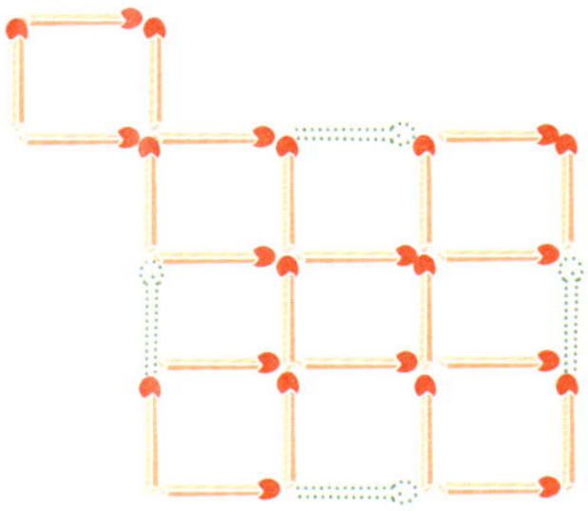
그림 ③

04 그림 ①에서 성냥개비 2개를 추가하여 모양과 크기가 같은 2개의 도형으로 나누면 그림 ②와 같습니다.

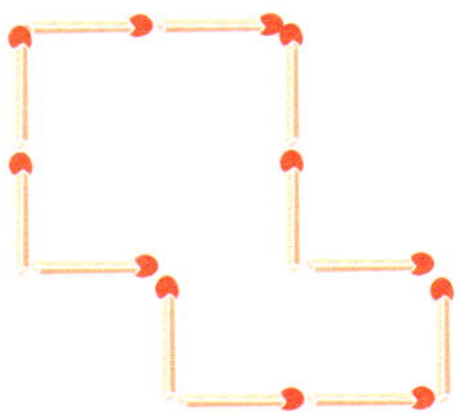
그림 ①

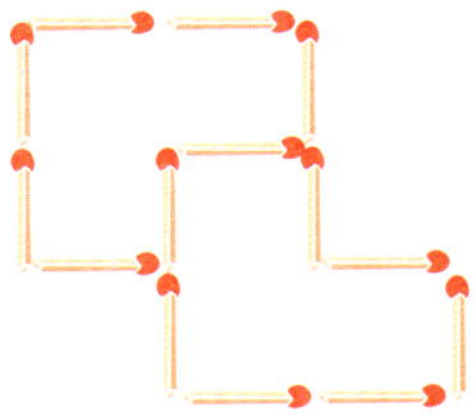
그림 ②

아하! 그렇구나

프랑스의 철학자 데카르트는 파리 한 마리가 격자무늬의 창틀에 앉아 여기저기 옮겨 다니는 모습을 보고 좌표축(가로축, 세로축)을 생각해냈다고 합니다.

14 숫자 암호를 어떻게 만들지

01 아래와 같이 한글 철자를 모두 숫자로 바꾸어 보았습니다. 숫자를 이용하여 암호문을 만드는 방법을 연구해 봅시다.

ㄱ = 1, ㄴ = 10, ㄷ = 11, ㄹ = 100, ㅁ = 101, ㅂ = 110, ㅅ = 111, ㅇ = 1000, ㅈ = 1001, ㅊ = 1010, ㅋ = 1011, ㅍ = 1100, ㅌ = 1101, ㅎ = 1110
ㅏ = 2, ㅑ = 20, ㅓ = 21, ㅕ = 200, ㅗ = 201, ㅛ = 210, ㅜ = 211, ㅠ = 2000, ㅡ = 2001, ㅣ = 2010

♣ 중국을 숫자 암호로 바꾸는 방법을 연구해 봅시다.

▶▶ 중국을 철자로 바꾸면 → ㅈ + ㅜ + ㅇ + ㄱ + ㅜ + ㄱ

▶▶ 중국의 철자를 숫자로 바꾸면 → 1001 + 211 + 1000 + 1 + 211 + 1

▶▶ 중국을 숫자 암호로 바꾸면 → 1001211100012111

♣ 베트남을 숫자 암호로 바꾸는 방법을 연구해 봅시다.

▶▶ 베트남을 철자로 바꾸면 →
ㅂ + ㅔ + ㅣ + ㅌ + ㅡ + ㄴ + ㅏ + ㅁ

▶▶ 베트남의 철자를 숫자로 바꾸면 → 110 + 21 + 2010 + 1101 + 2001 + 10 + 2 + 101

▶▶ 베트남을 숫자 암호로 바꾸면 → 110212010110120011102101

02 아래와 같이 철자를 숫자로 나타냈습니다. 세 낱말의 6개의 철자의 합이 377이면 공룡이 살던 시대를 나타냅니다. 어느 시대를 나타내는지 연구해 봅시다.

> ㄱ = 1, ㄴ = 2, ㄷ = 4, ㄹ = 8, ㅈ = 16, ㅏ = 32, ㅣ = 64, ㅛ = 128, ㅜ = 256

♣ 377을 여섯 개의 숫자의 합으로 나타내는 방법을 연구해 봅시다.

- ▶▶ 먼저 377에 가장 가까운 수인 256을 빼면 121입니다.(377 − 256 = 121)
- ▶▶ 121에 가장 가까운 수인 64를 빼면 57입니다.(121 − 64 = 57)
- ▶▶ 57에 가장 가까운 수인 32를 빼면 25입니다.(57 − 32 = 25)
- ▶▶ 25에 가장 가까운 수인 16을 빼면 9입니다.(25 − 16 = 9)
- ▶▶ 9에 가장 가까운 수인 8을 빼면 1입니다.(9 − 8 = 1)
  - 377 − 256 = 121 → 121 − 64 = 57 → 57 − 32 = 25 → 25 − 16 = 9 → 9 − 8 = 1
    따라서 377을 1 + 8 + 16 + 32 + 64 + 256로 바꿀 수 있습니다.
- ▶▶ 1, 8, 16, 32, 64, 256을 철자로 바꾸면 'ㄱ, ㄹ, ㅈ, ㅏ, ㅣ, ㅜ'가 됩니다.
  - 'ㄱ, ㄹ, ㅈ, ㅏ, ㅣ, ㅜ'에서 6개의 철자로 3개의 낱말을 만들어야 하기 때문에 모두 받침이 없습니다. 따라서 만들 수 있는 낱말은 (가, 기, 구), (라, 리, 루), (자, 지, 주)
    그리고 세 낱말을 연결하면 가리주, 가루지, 기라주, 기루자, 구라지, 구리자, ……를 만들 수 있습니다.
  - 위에서 낱말의 순서를 바꾸어 공룡이 살던 시대와 관련지어 의미가 통하게 하면 '주라기'가 됩니다.

아하! 그렇구나

축구 경기에서 페널티킥에 담겨 있는 과학의 원리를 알아보면 공과 골대의 거리는 11m이고, 공이 날아가는 빠르기는 1초에 평균 22m이므로 공이 골문을 통과하는 시간은 0.55초입니다.

15 과학과 수학의 만남은

빛은 곧게 나가는 성질이 있고, 빛의 들어온 각(입사각)과 빛이 나간 각(반사각)은 같습니다. 따라서 직각이등변삼각형 모양의 거울의 빗변에 수직으로 들어온 빛은 수직으로 반사됩니다. 이와 같은 빛의 성질을 이용하여 문제를 해결해봅시다.

▶▶ 아래의 그림에서 각acb를 입사각이라고 하면 각ecd는 반사각이라고 합니다. 그리고 입사각(각acb)과 반사각(각ecd)의 크기는 같습니다.

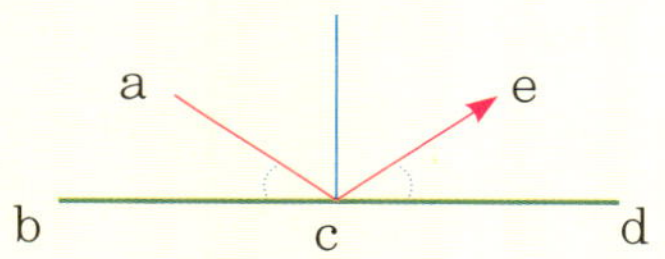

▶▶ 아래의 그림 ①에서 a로 들어온 빛은 b로 나가고, 그림 ②에서 a로 들어온 빛은 c로 나갑니다.

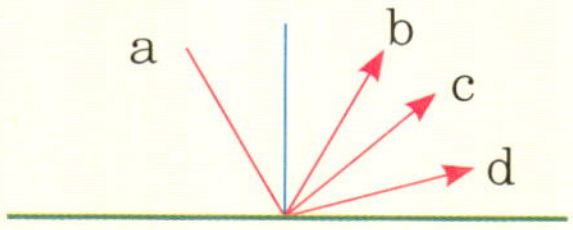

그림 ①

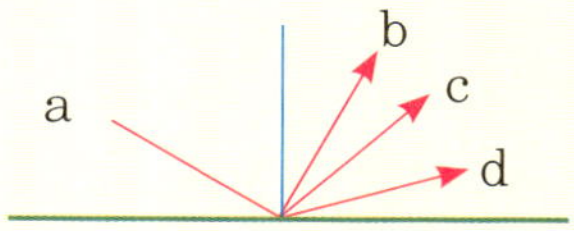

그림 ②

▶▶ 아래의 그림 ③에서 직각이등변삼각형의 한 변 위를 45°로 입사한 빛은 45°의 각도로 반사됩니다.

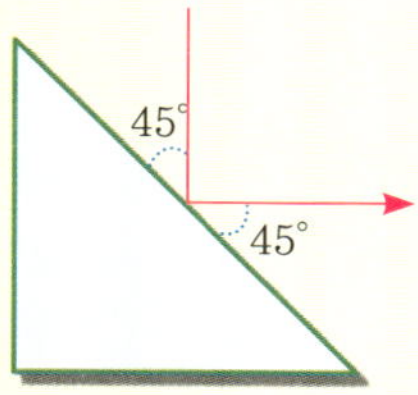

그림 ③

▶ 직각이등변삼각형에 45°로 빛을 비추면 아래의 그림과 같이 45°로 반사하여 직각으로 꺾입니다.

▶ 아래의 그림 ①과 같이 직각이등변삼각형에 45°로 입력한 빛은 45°로 꺾이어 그림 ②와 같이 나갑니다.

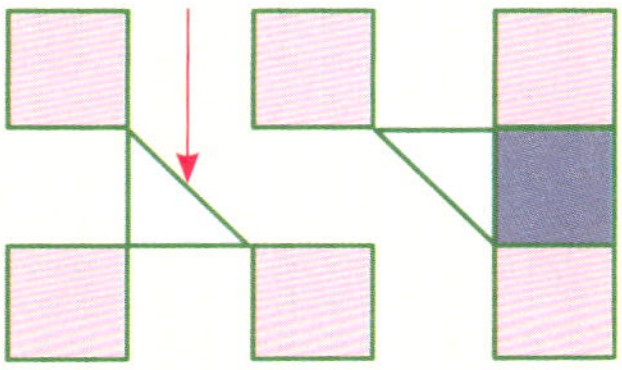

그림 ①

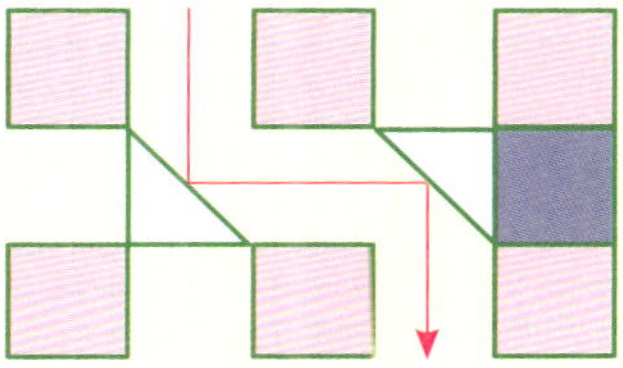

그림 ②

▶ 아래의 그림과 같이 직각이등변삼각형에 45°로 입력한 빛은 45°로 꺾이어 나갑니다.

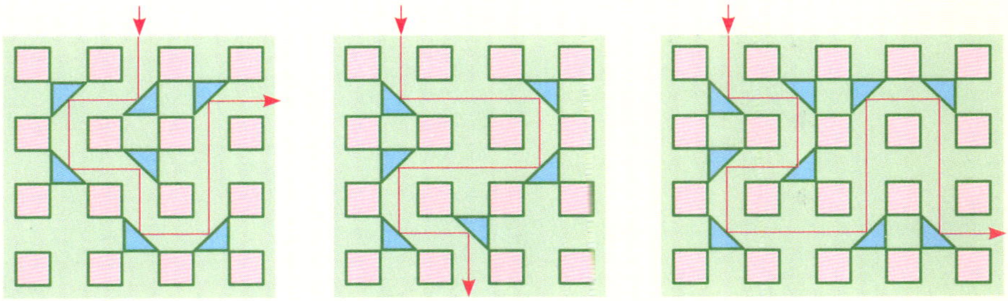

아하! 그렇구나

중국에서 전해진 〈구장산술〉은 삼국 시대 이후 2000년 가까이 우리 곁에 있었던 수학책으로 고려시대에는 수학 교과서로 사용했다고 합니다. 그리고 수학자를 뽑는 시험에 구장산술의 내용이 그대로 나왔으므로 도두 외워야 했다고 합니다.

분수와 소수 이야기

분수는 기원전 1800년경 이집트의 「아메스」라는 수학자가 쓴 책을 영국의 탐험가인 린드가 발견함으로써 알려지게 되었습니다.

이 당시에는 모든 분수를 분자의 크기가 1인 단위분수만 사용했는데 예외적으로 $\frac{2}{3}$를 사용했다고 합니다.

따라서 $\frac{2}{7}$, $\frac{4}{5}$, $\frac{7}{11}$ 등과 같이 다양한 분수는 아래와 같이 단위분수와 $\frac{2}{3}$의 합으로 나타냈으며 분수표를 만들어 사용했기 때문에 불편하지 않았다고 합니다.

▶▶ $\frac{2}{5} = \frac{1}{15} + \frac{1}{3}$

▶▶ $\frac{4}{5} = \frac{2}{3} + \frac{1}{10} + \frac{1}{30}$

▶▶ $\frac{5}{6} = \frac{1}{2} + \frac{1}{4} + \frac{1}{12}$

그리고 오늘날과 같이 분자의 크기가 1보다 큰 분수는 유럽에서 16세기쯤에 사용했습니다.

분수를 읽고 쓰는 방법은 나라마다 다릅니다.

우리나라는 분수의 아랫부분을 '분모'라 하고 윗부분을 '분자'라고 읽는데 이는 중국의 영향을 받았기 때문입니다. 3세기경 중국의 수학 책인「구장산술」에 실린 분수를 살펴보면 '$\frac{3}{4}$'에서 분자를 3, 분모를 4라고 하였으며 '사분의 삼'라고 읽었습니다.

미국이나 영국에서는 분자를 'numeratcr'라 하며 이는 '헤아리는 것을 뜻'하고, 분모를 'denominator'라 하는데 이는 '이름짓는 것'을 뜻합니다.

그리고 분수를 쓰는 방법을 살펴보면 우리나라는 일반적으로 분모를 먼저 쓰고 분자를 나중에 쓰는 데 미국에서는 분자를 먼저 쓰고 분모를 나중에 쓴다고 합니다.

소수는 분수가 태어나고 3000년이 지난 후에 태어났습니다.

1584년 스페인의 지배를 받고 있던 시대에 벨기에의 회계 책임자로 있는 시몬 스티븐이라는 장교에 의해 만들어졌습니다.

이 장교는 월급이나 식량비 등을 지급하는 일을 했는데 특히 이자 계산이 너무 복잡해서 아래와 같은 소수를 발견하여 사용했다고 합니다.

▶▶ 9.8765 : 9⓪8①7②6③5④

그러다가 오늘날과 같은 소수를 사용하게 된 것은 1619년 네이피어에 의해서였습니다.

소수의 표기법은 나라마다 약간 차이가 있는데 정수 부분과 소수 부분을 나누는 기호로 프랑스식은 반점(,)이, 영국식은 온점(.)이 사용되는데, 우리나라는 온점을 사용하고 있습니다.

▶▶ 우리 나라, 미국, 일본의 소수 표기법 : 9.8765

▶▶ 프랑스, 독일의 소수 표기법 : 9,8765

♣ 수학적 힘 기르기 활용 방법

- 일주일에 1~2개의 주제를 선택하여 매일 2~3문제씩 해결합니다.
- 생각의 샘을 충분히 이해하고 수학적 힘 기르기 문제를 해결합니다.
- 문제해결 전략을 선택하여 해결합니다.
- 문제해결이 어려우면 안내된 학습을 충분히 활용합니다.
- 다양한 방법으로 문제를 해결해도 같은 답이 나오는지 확인합니다.
- 각 단계를 신중하게 검토하여 실수를 줄여야 합니다.
- 문제해결과정은 자세하지만 간결하게 나타내어야 합니다.
- 문제해결과정은 잘 정리하여 보기 좋고, 찾아보기 쉽게 합니다.
- 문제해결방법을 친구들과 토의하거나 협력하여 해결하는 것도 좋습니다.
- 선생님이 되어 문제해결방법을 친구에게 설명하는 것도 좋습니다.

☞ 본 교재의 '수학적 힘 기르기'를 수학공책에 정리하면서 해결하면 학습의 효과가 크고 여러 번 복습할 수 있는 장점이 있습니다.

수학적 힘 기르기

수학적 힘 기르기는

생각의 샘에서 숙지한 다양한 문제를 바탕으로

풍부한 문제를 본격적으로 경험할 수 있도록

꼭 필요하면서도 반드시 알아야 할 문제들로 구성되었습니다.

1

01 빈칸에 1~8의 숫자를 한 번씩 써넣어 두 식의 계산 결과가 2가 되게 하시오.

$\square - \square + \square - \square = 2$

$\square - \square + \square - \square = 2$

02 홀수를 아래와 같이 배열했습니다. 물음에 답하시오.

- 1층 : 1
- 2층 : 3 5
- 3층 : 7 9 11
- 4층 : 13 15 17 19
- 5층 : 21 23 25 27 29

1) 6층의 오른쪽의 수를 구하시오.

2) 7층의 왼쪽의 수를 구하시오.

3) 빈칸에 알맞은 수를 써넣으시오.

층	1	2	3	4	5
각 층의 모든 수의 합	1	8			
같은 수의 곱으로 나타내기	$1 \times 1 \times 1$	$2 \times 2 \times 2$			

03 올해의 어린이날(5월 5일)이 월요일이라면 내년의 어린이날은 무슨 요일입니까? 단, 1년은 365일로 합니다.

04 그림 ①을 이용하여 그림 ②와 같은 벌집 모양을 완성하시오. 단, 이미 사용한 조각은 제외합니다.

그림 ①

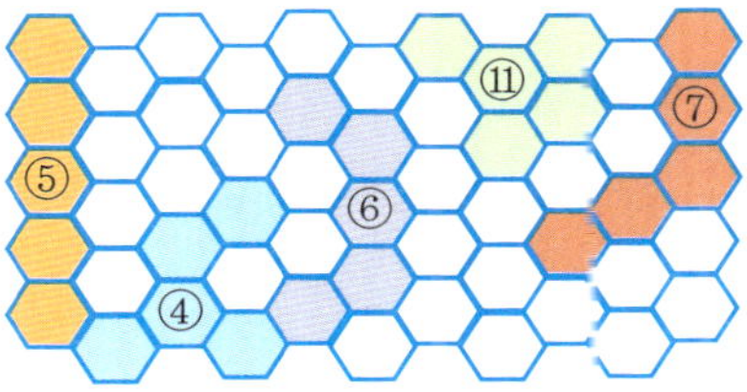

그림 ②

05 사방이 거울로 둘러싸인 직사각형 모양의 방에 레이저 빛을 쏘았습니다. 레이저 빛이 움직인 길을 안내된 학습과 같이 선으로 나타내시오.

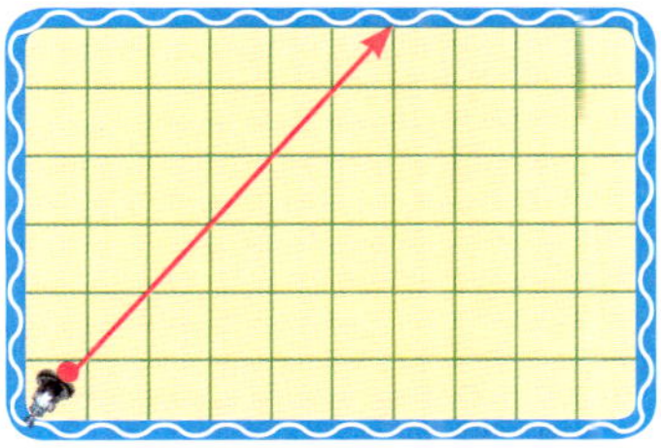

2

01 빈칸에 1~8의 숫자를 한 번씩 써넣어 두 식의 계산 결과가 6이 되게 하시오.

□ − □ + □ − □ = 6

□ − □ + □ − □ = 6

02 오른쪽 그림과 같이 성냥개비를 사용하여 5층탑을 쌓았습니다. 안내된 학습을 참고하여 물음에 답하시오.

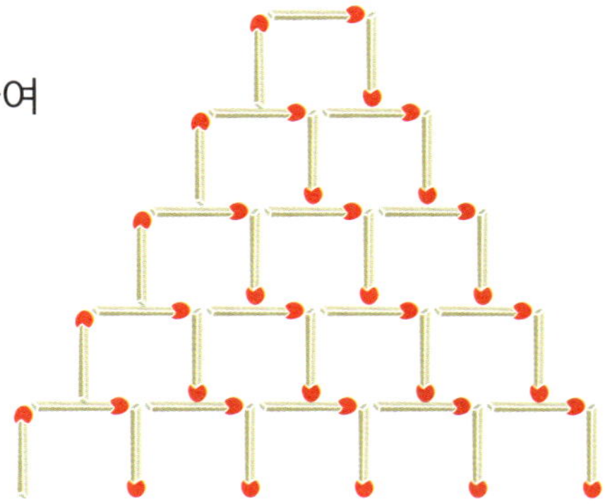

1) 5층탑을 쌓는데 필요한 성냥개비의 개수를 구하시오.

2) 10층탑을 쌓는데 필요한 성냥개비의 개수를 구하시오.

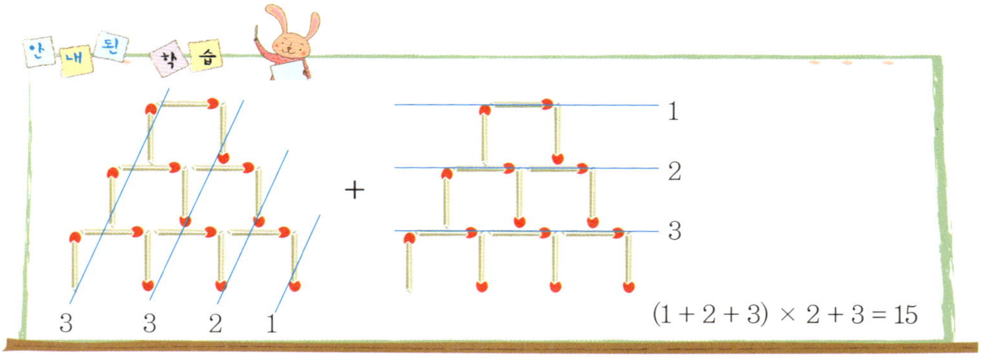

03 무게가 다른 세 종류의 구슬 (○, □, △)이 있습니다. 이 구슬을 그림 ①, ②의 윗접시저울에 올려놓았더니 모두 수평이 되었습니다. '○' 1개의 무게는 '△' 몇 개의 무게와 같습니까? 또, '□' 1개으 무게는 '△' 몇 개의 무게와 같습니까?

① ②

04 왼쪽의 14조각(2세트)의 탱그램 조각을 모두 이용하여 오른쪽 그림과 같은 동물을 만들려고 합니다. 나머지 부분을 완성하시오.

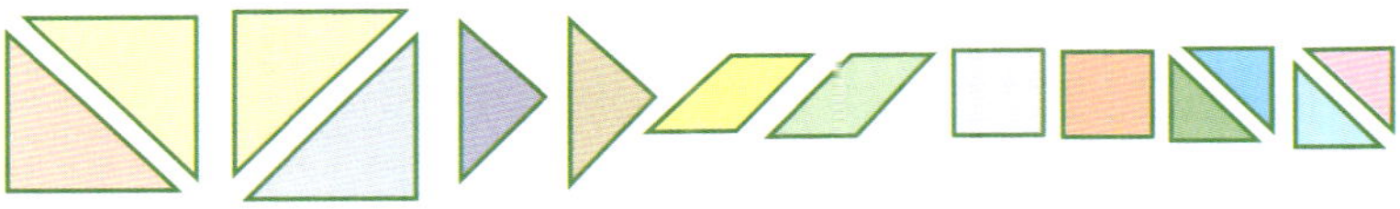

05 사방이 거울로 둘러싸인 직사각형 모양의 방에 레이저 빛을 쏘았습니다. 레이저 빛이 움직인 길을 선으로 나타내시오.

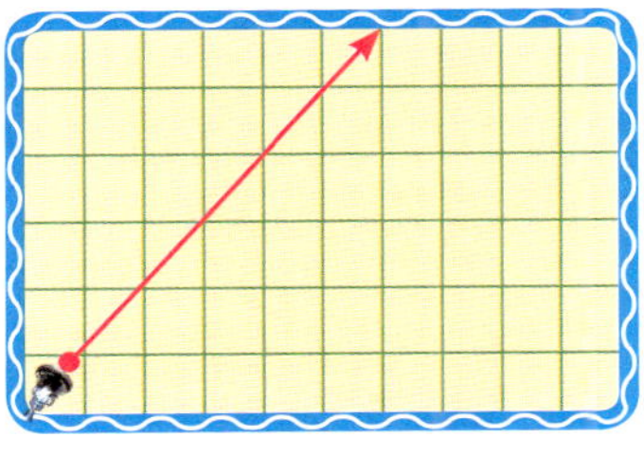

3

01 1~8의 숫자를 빈칸에 한 번씩 써넣어 가로, 세로의 식이 맞게 하시오. 단, 이미 사용한 숫자 4는 제외합니다.

A	+	B	=	C
÷		+		
D	×	4	=	E
=		=		
F		G		

A = B = C =

D = E = F =

G =

02 흰 타일과 검은 타일을 아래와 같은 규칙으로 배열했습니다. 타일 전체의 개수가 10000개일 때 녹색 타일은 몇 개 입니까?

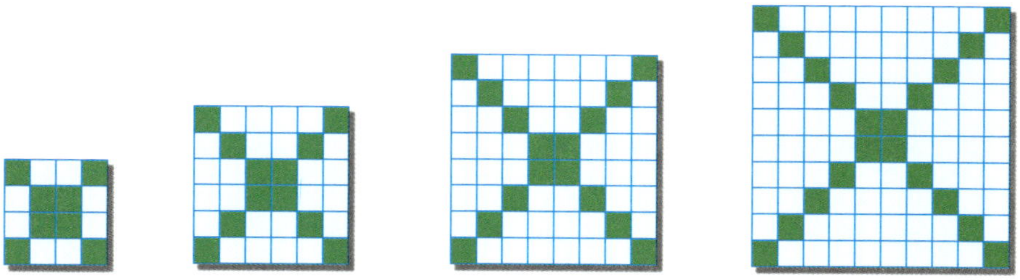

03 5와 6사이에 수학기호(더하기, 빼기, 곱하기, 나누기, 소수점 등) 한 개를 써넣어 5보다 크고 6보다 작은 수를 만드시오.

04 왼쪽의 14조각(2세트)의 탱그램 조각을 모두 이용하여 오른쪽 그림과 같은 동물을 만들려고 합니다. 나머지 부분을 완성하시오.

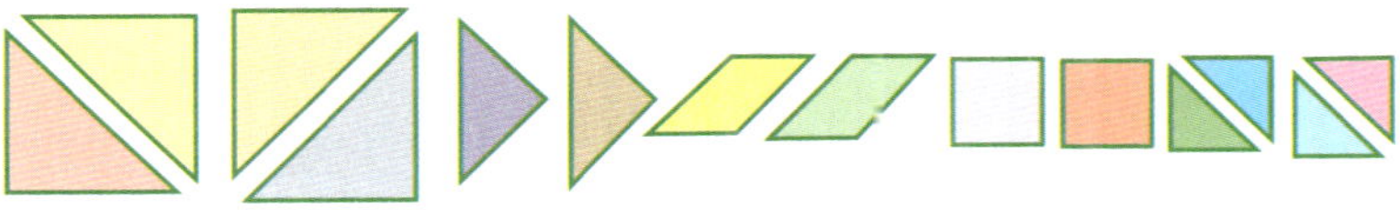

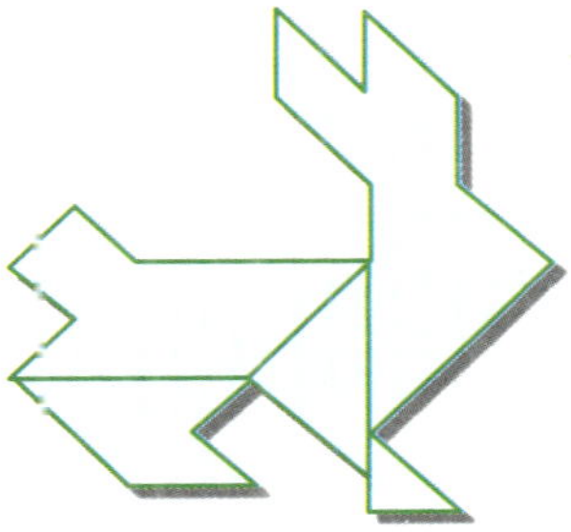

05 사방이 거울로 둘러싸인 직사각형 모양의 방에 레이저 빛을 쏘았습니다. 레이저 빛이 움직인 길을 안내된 학습과 같이 선으로 나타내시오. 단, 파란색 부분은 통과할 수 없습니다.

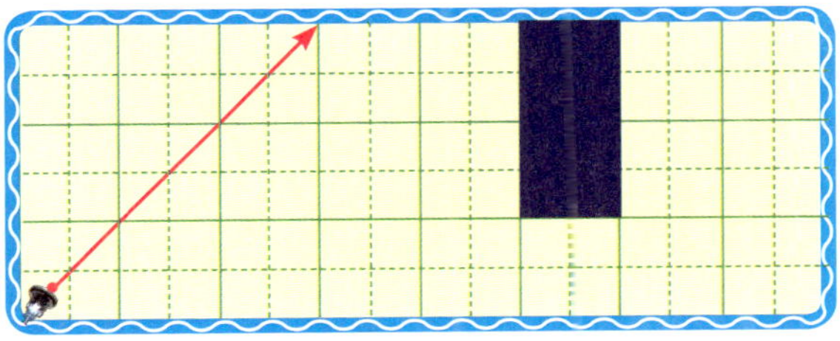

06 아래의 그림과 같이 5개의 동전을 한 줄에 3개씩 2줄로 놓았습니다. 동전 한 개를 움직여 한 줄에는 4개, 다른 줄에는 3개씩 놓으시오.

4

01 1~11의 숫자를 빈 칸에 한 번씩 써넣어 가로, 세로의 식이 맞게 하시오. 단, 이미 사용한 숫자는 제외합니다.

A	×	B	+	C	=	11
÷		+		+		
D	×	E	−	4	=	F
=		=		=		
3		G		H		

A = ☐ B = ☐ C = ☐

D = ☐ E = ☐ F = ☐

G = ☐ H = ☐

02 흰 타일과 검은 타일을 아래와 같은 규칙으로 배열했습니다. 정사각형 모양의 한 변에 있는 타일의 개수가 101개일 때 검은 타일은 몇 장이 있습니까?

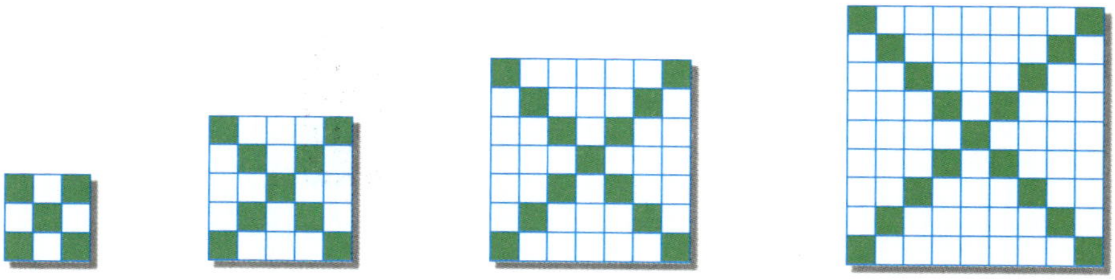

03 성우가 운전하기 전에 자동차의 계기판을 보니 28982km를 가리키고 있었습니다. 28982라는 숫자는 앞에서부터 읽으나 뒤에서부터 읽으나 똑같아 매우 신기했습니다. 그런데 2시간 운전한 후 계기판을 보니 앞에서부터 읽으나 뒤에서부터 읽으나 똑같은 현상이 다시 나타났습니다. 그렇다면 성우는 1시간에 몇 km의 빠르기로 운전을 했습니까? 단, 성우는 운전할 때 1시간에 100km 이상을 달리지 않는 습관을 갖고 있습니다.

04 정삼각형과 정육각형의 둘레의 길이가 같습니다. 정육각형의 넓이는 정삼각형의 넓이의 몇 배입니까?

05 왼쪽의 14조각(2세트)의 탱그램 조각을 모두 이용하여 오른쪽 그림과 같은 동물을 만들려고 합니다. 나머지 부분을 완성하시오.

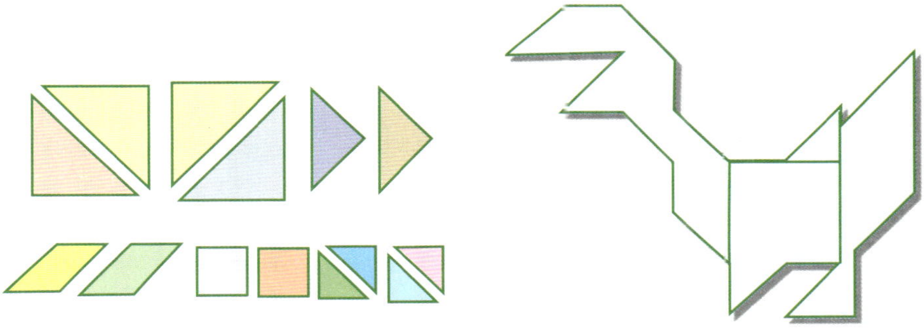

06 아래와 같은 당구대와 네 종류의 당구공이 있습니다. 초록색 당구공과 같은 방법으로 당구공을 세 면의 당구대를 맞힌 후 같은 색깔의 구멍에 넣으려고 합니다. 네 종류의 공을 같은 색깔의 구멍에 넣는 방법을 그림으로 나타내시오.

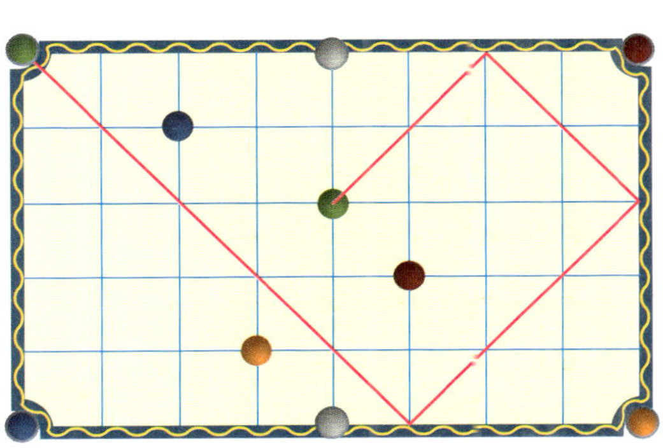

5

01 1~15의 숫자를 한 번씩 써넣어 식이 맞게 하시오. 단, 이미 사용한 숫자는 제외하고, 계산 순서는 안내된 학습과 같이 앞에서부터 차례대로 계산하기로 약속합니다.

안내된 학습

• 앞에서부터 차례대로 계산하기 ⇒ $4+2\times3=(4+2)\times3=18$

8	+	11	−	A	=	14
+		+		×		
12	÷	B	×	C	=	D
−		−		×		
E	+	F	+	G	=	15
‖		‖		‖		
13		9		10		

A = □ B = □ C = □

D = □ E = □ F = □

G = □

02 성냥개비를 사용하여 5층탑을 쌓는데 필요한 성냥개비의 개수를 구하시오.

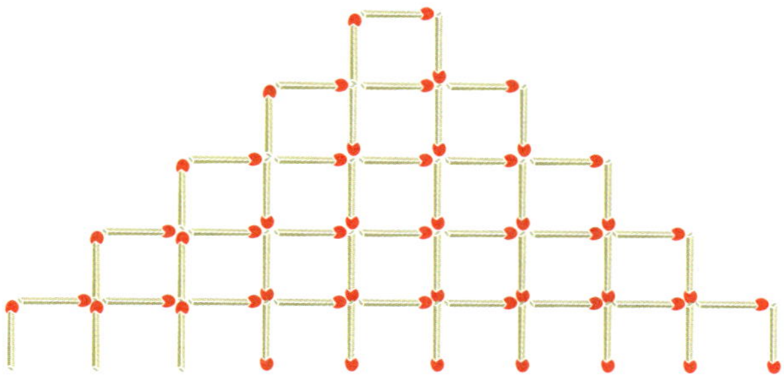

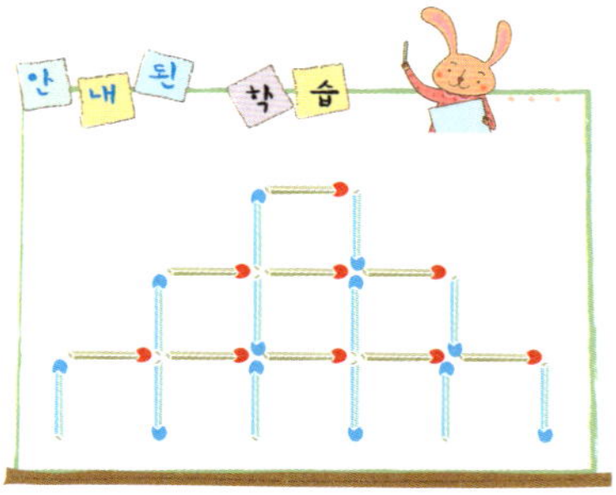

03 앞면과 뒷면에 쪽수가 표시되어 있는 신문지 한 장을 선택했더니 왼쪽은 6쪽, 오른쪽은 19쪽이었습니다. 그러면 이 신문은 모두 몇 쪽으로 되어있습니까? 문제해결이 어려우면 두 세장의 종이를 접어서 쪽수를 메긴 후 규칙을 찾아보시오.

안내된 학습

펼쳐진 부분의 쪽 번호가
왼쪽이 6쪽이고, 오른쪽이 7쪽이면
$6 + 7 - 1 = 12$쪽

04 왼쪽의 14조각(2세트)의 탱그램 조각을 모두 이용하여 오른쪽 그림과 같은 동물을 만들려고 합니다. 나머지 부분을 완성하시오.

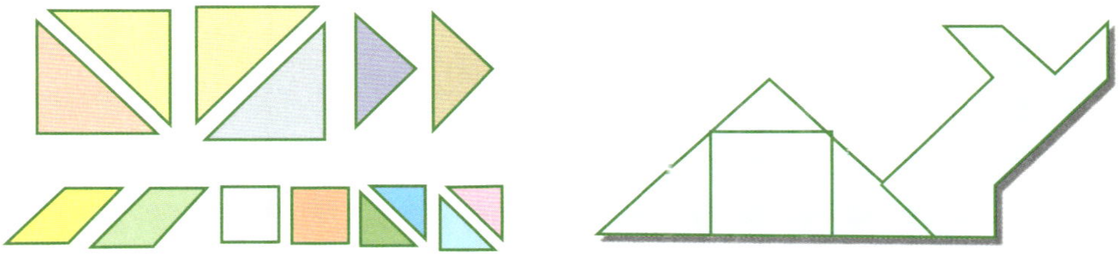

05 아래의 그림에서 당구공을 당구대AB를 한 번 맞힌 후 포켓D에 넣는 방법을 그림으로 나타내시오. 단, 당구공의 한 가운데를 맞힌 경우를 말합니다.

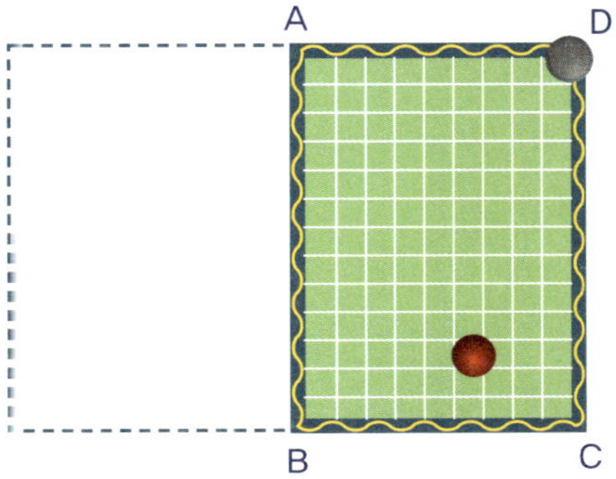

6

01 1~9의 숫자를 한 번씩 써넣어 식이 맞게 하시오. 단, 이미 사용한 숫자는 제외하고, 안내된 학습과 같이 계산 순서는 앞에서부터 차례대로 계산하기로 약속합니다.

안내된 학습

• 앞에서부터 차례대로 계산하기 ⇒ $15 - 2 \times 3 = (15 - 2) \times 3 = 39$

7	+	A	÷	4	=	2
+		+		+		
B	×	C	−	D	=	2
÷		−		−		
E	+	F	÷	9	=	1
‖		‖		‖		
2		0		3		

A = ☐ B = ☐ C = ☐

D = ☐ E = ☐ F = ☐

02 길이가 같은 24개의 성냥개비를 사용하면 몇 종류의 직사각형을 만들 수 있습니까? 정사각형도 직사각형에 속합니다.

03 왼쪽의 14조각(2세트)의 탱그램 조각을 모두 이용하여 오른쪽 그림과 같은 동물을 만들려고 합니다. 나머지 부분을 완성하시오.

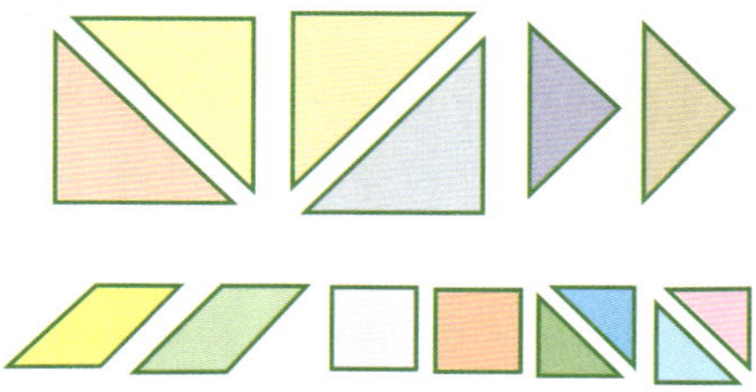

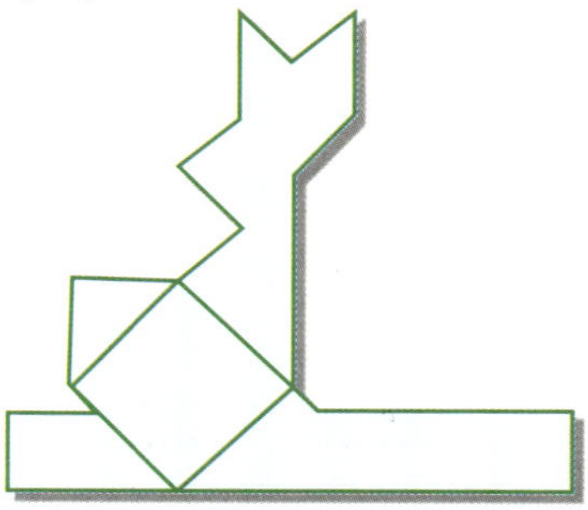

04 검은 바둑알과 흰 바둑알을 그림 ①과 같이 배열했습니다.
그림 ①의 이웃한 4개의 바둑알을 한 묶음씩 세 번 옮겨서 그림 ②와 같이 배치하려고 합니다. 안내된 학습과 같이 그림으로 나타내고 설명하시오. 단, 바둑알의 순서를 바꾸어 옮기면 안 됩니다.

1	2	3	4	5	6	7	8	9	10	11	12	13	14	15	16	17	18	19	20
●	●	○	○	●	●	○	○	●	●	○	○								

그림 ①

1	2	3	4	5	6	7	8	9	10	11	12	13	14	15	16	17	18	19	20
								○	○	○	○	○	○	●	●	●	●	●	●

그림 ②

안내된 학습

▶▶ 첫 번째 옮기기

1	2	3	4	5	6	7	8	9	10	11	12	13	14	15	16	17	18	19	20
●	●	○	○	●	●					○	○	○	○	●	●				

설명 : 7, 8, 9, 10번 바둑알을 13, 14, 15, 16번 칸으로 옮긴다.

▶▶ 두 번째 옮기기

1	2	3	4	5	6	7	8	9	10	11	12	13	14	15	16	17	18	19	20

설명 : ______________________

▶▶ 세 번째 옮기기

1	2	3	4	5	6	7	8	9	10	11	12	13	14	15	16	17	18	19	20

설명 : ______________________

7

01 1~9의 숫자를 한 번씩 써넣어 식이 맞게 하시오. 단, 이미 사용한 숫자는 제외하고, F는 G보다 큰 수입니다.

A	−	B	=	C
				×
D	÷	3	=	E
				‖
F	+	G	=	H

A= ☐ B= ☐ C= ☐

D= ☐ E= ☐ F= ☐

G= ☐ H= ☐

02 36개의 전구로 이루어진 정사각형 모양의 전광판에 아래와 같은 규칙으로 불이 들어오게 했습니다. 이 전광판의 전구에 불이 모두 들어오는 데 걸리는 시간은 몇 초입니까?

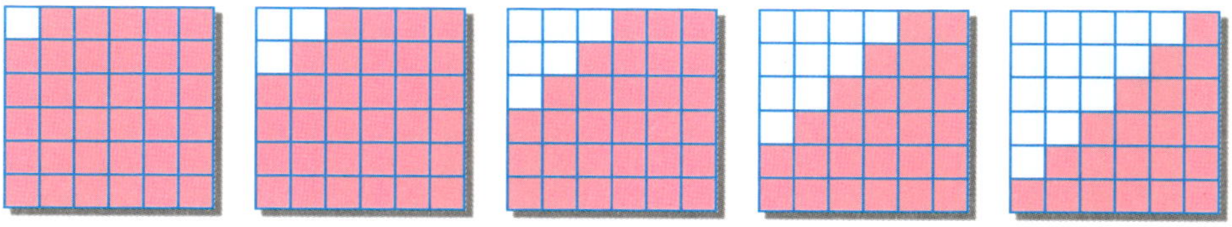

1초 후 2초 후 3초 후 4초 후 5초 후

03 기운이는 어머니에게 용돈을 받기로 했습니다. 첫 번째 방법은 10일 동안 매일 1000원씩 용돈을 받는 것이며, 두 번째 방법은 첫째 날에는 100원을 받고, 둘째 날에는 200원, 셋째 날에는 400원, 넷째 날에는 800원, ……의 방법으로 7일 동안 용돈을 받는 것입니다. 그러면 어떤 방법을 선택해야 더 많은 용돈을 받을 수 있습니까?

04 왼쪽의 14조각(2세트)의 탱그램 조각을 모두 이용하여 오른쪽 그림과 같은 동물을 만들려고 합니다. 나머지 부분을 완성하시오.

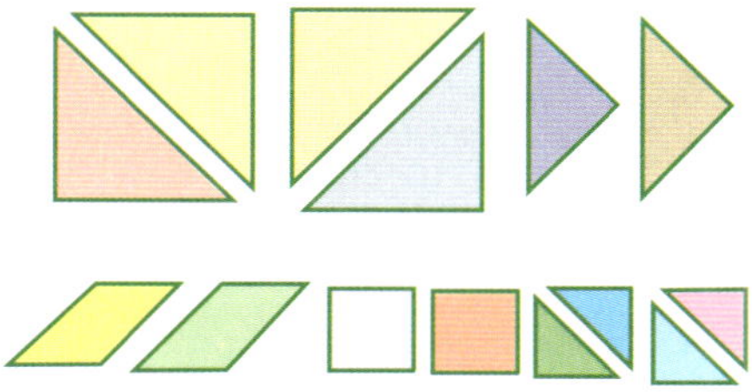

05 검은 바둑알과 흰 바둑알을 그림 ①과 같이 버열했습니다.
그림 ①에서 이웃한 2개의 바둑알을 한 묶음씩 세 번 옮겨서 그림 ②와 같이 배치하려고 합니다. 안내된 학습과 같이 그림으로 나타내고 설명하시오. 단, 바둑알의 순서를 바꾸어 옮기면 안 됩니다.

●	○	●	○	●	○				
1	2	3	4	5	6	7	8	9	10

그림 ①

				○	○	○	●	●	●
1	2	3	4	5	6	7	8	9	10

그림 ②

안내된 학습

▶▶ 첫 번째 옮기기

●	○	●			○	○	●		
1	2	3	4	5	6	7	8	9	10

설명 : 4, 5번 바둑알을 7, 8번 칸으로 옮깁니다.

▶▶ 두 번째 옮기기

1	2	3	4	5	6	7	8	9	10

설명 :

▶▶ 세 번째 옮기기

1	2	3	4	5	6	7	8	9	10

설명 :

8

01 1~9의 숫자를 한 번씩 써넣어 계산결과가 2가 되게 하시오. 단, 이미 사용한 숫자는 제외하고, 계산 순서는 안내된 학습과 같이 앞에서부터 차례대로 계산하기로 약속합니다.

안내된 학습

- 앞에서부터 차례대로 계산하기 ⇒ $15 - 2 \times 7 = (15 - 2) \times 7 = 91$

1	+	A	÷	4	=	2
+		+		+		
3	+	B	÷	C	=	2
÷		÷		÷		
2	+	D	÷	E	=	2
=		=		=		
2		2		2		

A = □ B = □ C = □

D = □ E = □

02 오른쪽 그림의 윗부분에 320mL의 물을 넣었습니다. 각각의 그릇에 들어있는 물의 양을 구하시오.
단, 벌집 모양의 관은 굵기가 일정합니다.

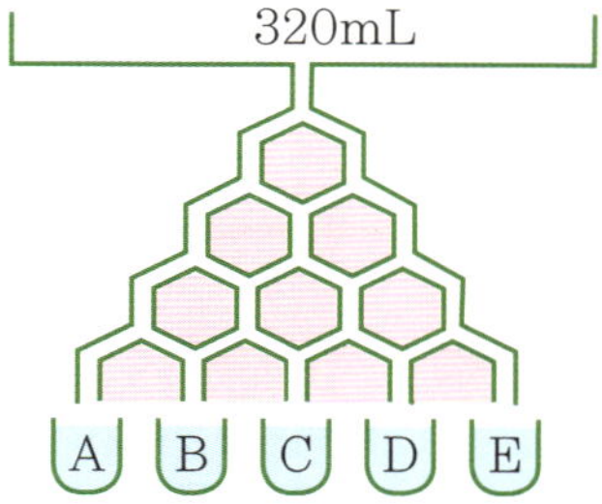

03 둘레의 길이와 넓이가 같은 직사각형이 있습니다. 이 중에서 넓이가 가장 작은 직사각형의 가로와 세로의 길이를 구하시오. 단, 가로 > 세로입니다.

04 가로의 길이가 15cm, 세로의 길이가 6cm, 높이가 7cm인 상자에 한 변의 길이가 2cm인 정육면체 모양의 쌓기나무는 최대 몇 개 넣을 수 있습니까?

05 검은 바둑알과 흰 바둑알을 그림 ①과 같이 배열했습니다.
그림 ①에서 이웃한 2개의 바둑알을 한 묶음씩 네 번 옮겨서 그림 ②와 같이 배치하려고 합니다. 안내된 학습과 같이 그림으로 나타내고 설명하시오. 단, 바둑알의 순서를 바꾸어 옮기면 안 됩니다.

●	○	●	○	●	○		
1	2	3	4	5	6	7	8

그림 ①

		○	○	○	●	●	●
1	2	3	4	5	6	7	8

그림 ②

안내된 학습

▶▶ 첫 번째 옮기기

●			○	●	○	○	●
1	2	3	4	5	6	7	8

설명 : 2, 3번 바둑알을 7, 8번 칸으로 옮깁니다.

▶▶ 두 번째 옮기기

●	●	○	○			○	●
1	2	3	4	5	6	7	8

설명 : 5, 6번 바둑알을 2, 3번 칸으로 옮깁니다.

▶▶ 세 번째 옮기기

1	2	3	4	5	6	7	8

설명 :

▶▶ 네 번째 옮기기

1	2	3	4	5	6	7	8

설명 :

9

01 1~9의 숫자를 한 번씩 써넣어 계산 결과가 9가 되게 하시오. 단, 이미 사용한 숫자는 제외하고, 계산 순서는 안내된 학습과 같이 앞에서부터 차례로 합니다.

안내된 학습

- 앞에서부터 차례대로 계산하기 ⇒ $6+2\times7=(6+2)\times7=56$

2	×	A	−	B	=	9
−		−		−		
C	×	D	+	4	=	9
×		+		×		
E	−	F	×	3	=	9
‖		‖		‖		
9		9		9		

A = ☐ B = ☐ C = ☐

D = ☐ E = ☐ F = ☐

02 곱하는 숫자의 개수가 홀수인 경우와 짝수인 경우에서 공통점을 찾아보시오.

- $173\times173=29929=29\quad9\quad29$
- $16262\times16262=264452644=2644\quad5\quad2644$

- $3489\times3489=12173121=121\quad73\quad121$
- $38981039\times38981039=1519521401519521=1519521\quad40\quad1519521$

03 사탕을 봉지에 넣으려고 합니다. 봉지에 2개씩 넣으면 1개가 남고, 3개씩 넣으면 2개가 남고, 4개씩 넣으면 3개가 남고, 5개씩 넣으면 1개도 남지 않습니다. 그러면 사탕은 최소 몇 개입니까?

04 통나무를 두 도막으로 자르는데 10분이 걸렸습니다. 네 도막으로 자르는데 걸리는 시간을 구하시오.

05 검은 바둑알과 흰 바둑알을 그림 ①과 같이 바열했습니다.
그림 ①에서 이웃한 2개의 바둑알을 한 묶음씩 네 번 옮겨서 그림 ②와 같이 배치하려고 합니다. 안내된 학습과 같이 그림으로 나타내고 설명하시오. 단, 바둑알의 순서를 바꾸어 옮기면 안 됩니다.

●	○	●	○	●	○	●	○		
1	2	3	4	5	6	7	8	9	10

그림 ①

		○	○	○	○	●	●	●	●
1	2	3	4	5	6	7	8	9	10

그림 ②

안내된 학습

▶▶ 첫 번째 옮기기

●			○	●	○	●	○	○	●
1	2	3	4	5	6	7	8	9	10

설명 : 2, 3번 바둑알을 9, 10번 칸으로 옮깁니다.

▶▶ 두 번째 옮기기

●	●	○	○			●	○	○	●
1	2	3	4	5	6	7	8	9	10

설명 : 5, 6번 바둑알을 2, 3번 칸으로 옮깁니다.

▶▶ 세 번째 옮기기

1	2	3	4	5	6	7	8	9	10

설명

▶▶ 네 번째 옮기기

1	2	3	4	5	6	7	8	9	10

설명 :

10

01 각각의 문제에서 빈칸에 다른 숫자를 써넣어 가로 줄과 세로 줄의 숫자의 합이 각각 9, 10, 11, 12가 되게 하시오.

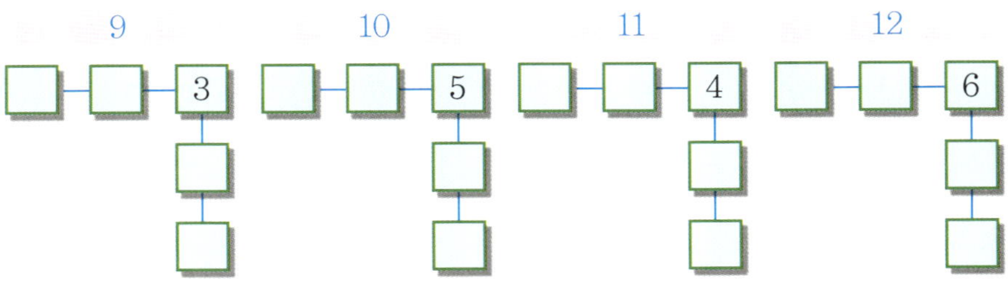

02 1~9의 숫자가 모두 한 번씩 들어있는 문제를 계산하시오.

1) 91 + 7.68 + 5.32 − 4

2) 98.3 + 6.4 − 5.7 + 2 − 1

3) 538 + 7 − 429 − 16

4) (8 x 9.125) + 37 − 6 − 4

03 1~9의 숫자를 한 번만 사용하여 아래의 문제를 완성하시오. 단, 안내된 학습의 답은 제외합니다.

□ + □ + □ + □ = (□ + □ + □ + □ + □) ÷ 2

안내된 학습

- 2 + 3 + 4 + 6 = (1 + 5 + 7 + 8 + 9) ÷ 2
- 1 + 2 + 3 + 9 = (4 + 5 + 6 + 7 + 8) ÷ 2

04 아래의 그림에서 큰 정육각형은 작은 육각형의 몇 배입니까?

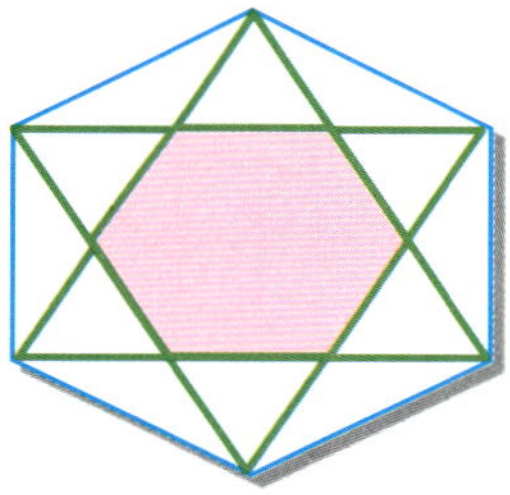

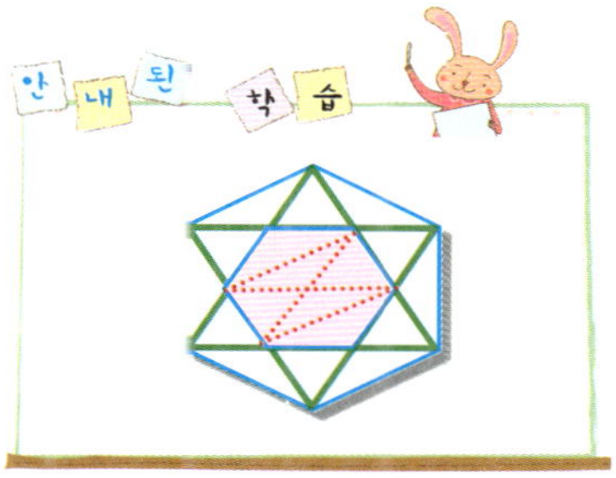

05 검은 바둑알과 흰 바둑알을 그림 ①과 같이 바 열했습니다.
그림 ①에서 이웃한 2개의 바둑알을 한 묶음씩 3번 옮겨서 그림 ②와 같이 배치하려고 합니다. 안내된 학습과 같이 그림으로 나타내고 설명하시오. 단, 바둑알의 순서를 바꾸어 옮기면 안 됩니다.

○	○	○	●	●	●				
1	2	3	4	5	6	7	8	9	10

그림 ①

				●	○	●	○	●	○
1	2	3	4	5	6	7	8	9	10

그림 ②

안내된 학습

▶▶ 첫 번째 옮기기

		○	●	●	●	○	○		
1	2	3	4	5	6	7	8	9	10

설명 : 1, 2번 바둑알을 7, 8번 칸으로 옮깁니다.

▶▶ 두 번째 옮기기

1	2	3	4	5	6	7	8	9	10

설명 :

▶▶ 세 번째 옮기기

1	2	3	4	5	6	7	8	9	10

설명 :

11

01 1~5의 수를 써넣어 선 위에 있는 네 수의 합이 24가 되게 하시오.

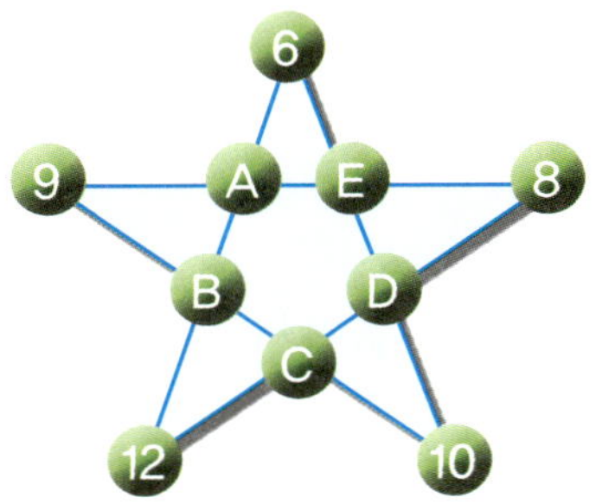

A = ☐ B = ☐

C = ☐ D = ☐

E = ☐

02 수를 아래와 같이 규칙적으로 배열했습니다. 빈칸에 알맞은 수를 써넣으시오.

0 , 2 , 6 , 12 , 20 , 30 , 42 , 56 , ……, ☐ , 10100, ……

안내된 학습

0(0 × 1), 2(1 × 2), 6(2 × 3), 12(3 × 4), 20(4 × 5), 30(5 × 6), 42(6 × 7), 56(7 × 8)

03 아래의 그림과 같이 넓이가 144㎠인 정사각형에 크기가 같은 작은 정사각형을 여러 개 그려 넣었습니다. 색칠한 정사각형의 개수가 12개일 때 색칠한 부분의 넓이를 구하시오.

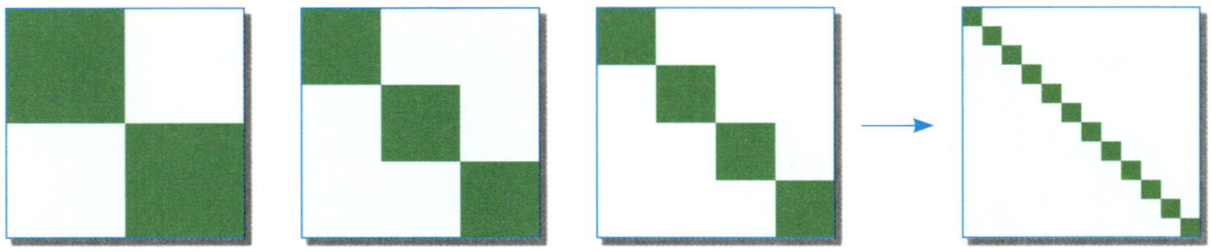

04 달걀을 7분 동안 삶아서 반숙을 만들려고 하는데 3분짜리 모래시계와 5분짜리 모래시계밖에 없습니다. 두 개의 모래시계를 적당히 이용하여 반숙 만드는 방법을 설명하시오.

05 검은 바둑알과 흰 바둑알을 그림 ①과 같이 배열했습니다.
그림 ①에서 이웃한 2개의 바둑알을 한 묶음씩 네 번 옮겨서 그림 ②와 같이 배치하려고 합니다. 안내된 학습과 같이 그림으로 나타내고 설명하시오. 단, 바둑알의 순서를 바꾸어 옮기면 안 됩니다.

1	2	3	4	5	6	7	8	9	10
●	●	●	●	○	○	○	○		

그림 ①

1	2	3	4	5	6	7	8	9	10
		○	●	○	●	○	●	○	●

그림 ②

안내된 학습

▶▶ 첫 번째 옮기기

1	2	3	4	5	6	7	8	9	10
●			●	○	○	○	○	●	●

설명 2, 3번 바둑알을 9, 10번 칸으로 옮깁니다.

▶▶ 두 번째 옮기기

1	2	3	4	5	6	7	8	9	10
●	○	○	●			○	○	●	●

설명 5, 6번 바둑알을 2, 3번 칸으로 옮깁니다.

▶▶ 세 번째 옮기기

1	2	3	4	5	6	7	8	9	10

설명 :

▶▶ 네 번째 옮기기

1	2	3	4	5	6	7	8	9	10

설명 :

12

01 아래와 같은 육각형 모양의 빈칸에 1, 3, 6, 7, 8, 11, 13의 수를 써넣어 각 변의 세 수의 합과 대각선의 세 수의 합이 21인 수를 만들려고 합니다. 빈칸에 알맞은 수를 써넣으시오.

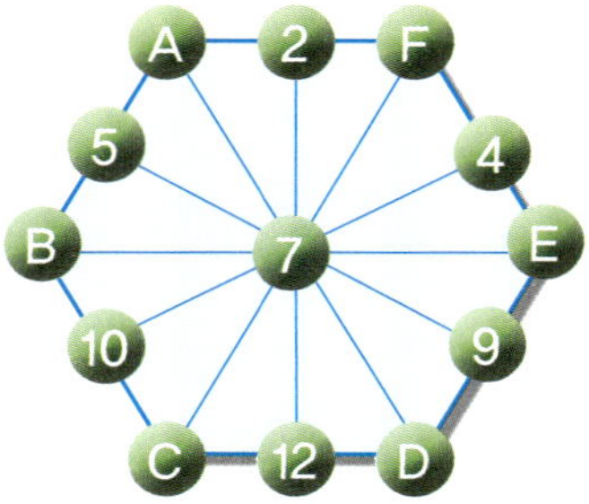

A = ☐ B = ☐

C = ☐ D = ☐

E = ☐ F = ☐

02 A, B, C, D, E 다섯 반이 리그전으로 축구 시합을 했습니다. 승패가 다음과 같을 때 안내된 학습과 같이 표를 완성하고 1등에서 5등까지의 순위를 구하시오.

- A반은 B반과 E반을 이기고, E반은 C반과 D반을 이겼습니다.
- B반은 D반을 이기고 E반에게 졌으며, C반은 B반을 이기고 A반에게 졌습니다.
- 모든 경기에서 한 번도 못 이긴 반도 있습니다.

안내된 학습

A는 B에게 이기고, C는 A와 B에게 이겼습니다.

	A	B	C
A	╲	○	
B		╲	
C	○	○	╲

	A	B	C	D	E
A	╲				
B		╲			
C			╲		
D				╲	
E					╲

03 5와 6사이에 한 개의 수학기호를 써넣어 1보다 작은 수를 만드시오.

04 상혁이는 매일 20분씩 1년(윤년으로 1년은 366일) 동안 줄넘기를 하였습니다. 상혁이가 1년 동안 줄넘기를 한 시간은 몇 시간인지 머리셈으로 구하시오. 단, 366 × 20 ÷ 60의 계산 방법은 제외합니다.

05 그림 ①의 바둑알 3개를 옮겨서 그림 ②와 같은 모양으로 나타내려고 합니다. 안내된 학습과 같이 그림 ②에 숫자를 쓰고 설명하시오.

그림 ①

그림 ②

설명

06 아래의 그림에서 당구공을 당구대CD → 당구대AB의 순서로 맞힌 후 포켓D에 넣는 방법을 그림으로 나타내시오. 단, 당구공의 한 가운데를 맞힌 경우를 말합니다.

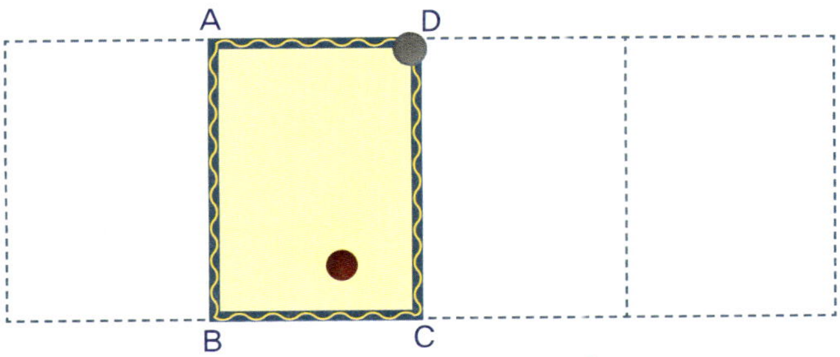

13

01 1~5의 수를 써넣어 각각의 원 안의 수의 합이 6이 되게 하시오.

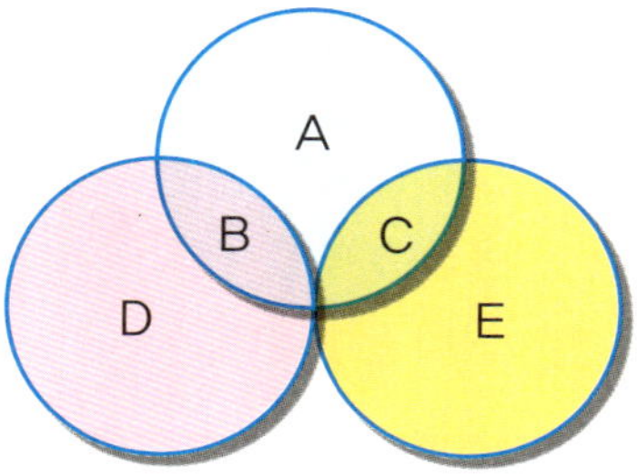

A = ☐ B = ☐

C = ☐ D = ☐

E = ☐

02 두 자리의 수의 일의 자리의 수와 십의 자리의 수를 바꾼 두 수의 곱이 같은 경우가 있습니다. 안내된 학습과 같이 십의 자리의 수와 일의 자리의 수를 바꾼 두 수의 곱이 같은 경우의 수를 만들어보고 계산기로 확인하시오.

안내된 학습

$1 \times 4 = 2 \times 2$	$\Rightarrow$	$12 \times 42 = 21 \times 24$
$1 \times 6 = 2 \times 3$	$\Rightarrow$	$12 \times 63 = 21 \times 36$ $13 \times 62 = 31 \times 26$
$1 \times 8 = 2 \times 4$	$\Rightarrow$	$12 \times 84 = 21 \times 48$ $14 \times 82 = 41 \times 28$

$2 \times 6 = 3 \times 4$	$\Rightarrow$	① ☐ × ☐ = ☐ × ☐ ② ☐ × ☐ = ☐ × ☐
$2 \times 8 = 4 \times 4$	$\Rightarrow$	③ ☐ × ☐ = ☐ × ☐
$2 \times 9 = 3 \times 6$	$\Rightarrow$	④ ☐ × ☐ = ☐ × ☐ ⑤ ☐ × ☐ = ☐ × ☐

03 1~9의 수를 한 번만 사용하여 가로, 세로, 대각선의 수의 합이 모두 다르게 하시오.

9		7
3		5

04 두 개의 선을 그려 넣어 화살표 한 개를 더 만드시오. 단, 화살표의 크기는 고려하지 않습니다.

05 그림 ①의 바둑알 5개를 옮겨서 그림 ②와 같이 나타내려고 합니다. 그림 ②에 숫자로 나타내고 설명하시오.

그림 ①

그림 ②

설명 :

06 아래의 그림에서 당구공을 당구대AB → 당구대CD → 당구대AB → 당구대CD의 순서로 맞힌 후 포켓A에 넣는 방법을 그림으로 나타내시오.

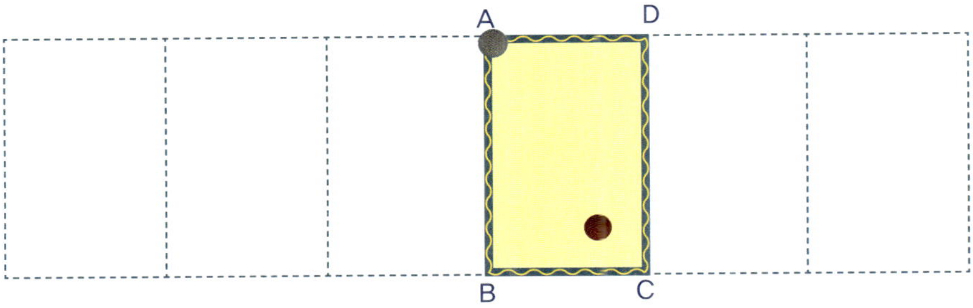

14

01 4~7의 수를 써 넣어 각각의 원 안의 수의 합이 19가 되게 하시오.

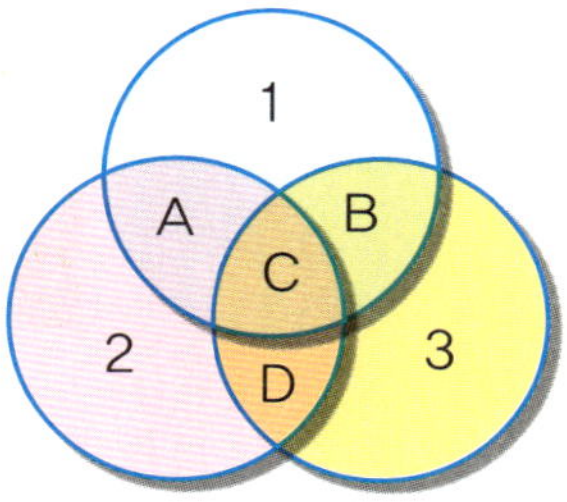

A = ☐ B = ☐

C = ☐ D = ☐

02 345 × 62의 계산을 안내된 학습과 같은 방법으로 하시오.

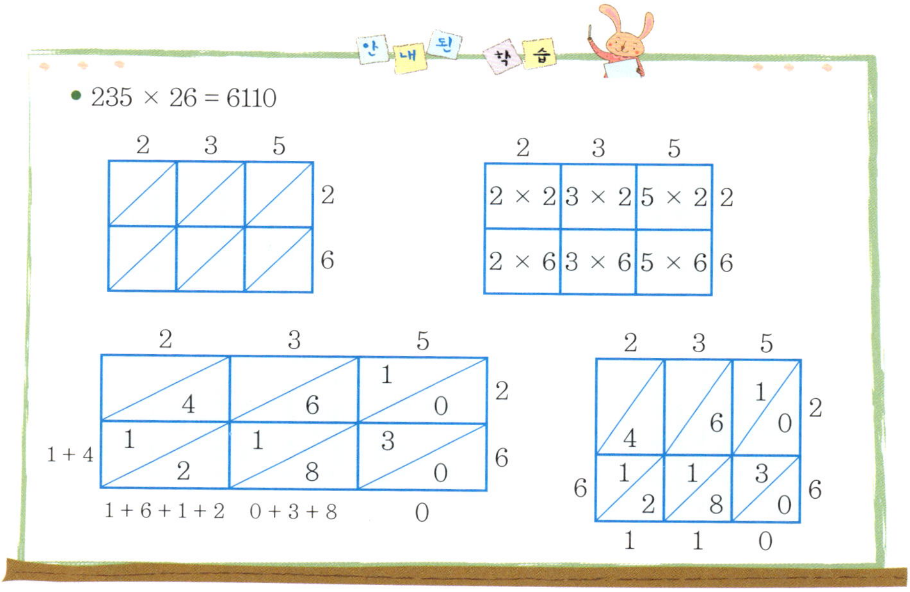

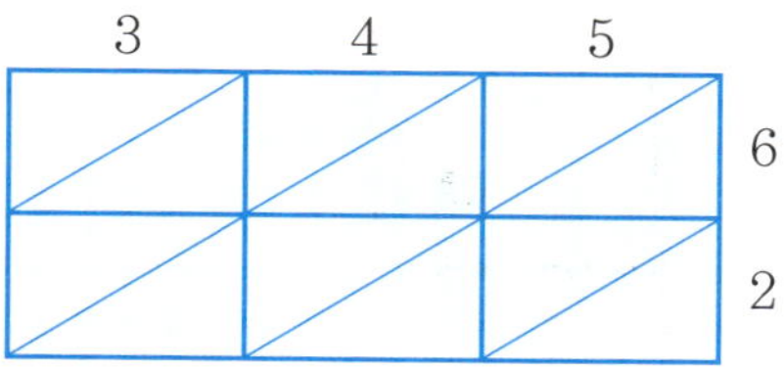

345 × 62 = ☐

03 그림 ①과 같이 1~9의 자연수를 넣어 가로, 세로, 대각선의 수의 합이 15가 되게 하였습니다. 그림 ①의 각각의 수에 1미만의 수를 더하여 가로, 세로, 대각선의 수의 합이 17이 되게 하시오.

2	7	6
9	5	1
4	3	8

그림 ①

$2\frac{2}{3}$		
		$8\frac{2}{3}$

그림 ②

04 54개의 구슬을 9개의 주머니에 개수가 다르게 넣는 방법을 설명하시오.

05 그림 ①에서 7개의 바둑알을 옮겨서 그림 ②와 같이 나타내려고 합니다. 그림 ②에 숫자로 나타내고 설명하시오.

그림 ①

그림 ②

설명 :

06 선우, 명호, 수영이는 디저트로 사과, 과자, 아이스크림을 각각 먹었습니다. 그럼 세 사람이 각각 먹은 디저트는 어떤 것입니까?

- 선우는 사과와 아이스크림을 싫어합니다.
- 명호와 선우는 과일을 싫어합니다.
- 수영이는 아이스크림과 사과를 좋아합니다.

15

01 1~6의 수를 빈칸에 써넣어 각 변의 세 수의 합이 9가 되게 하시오.

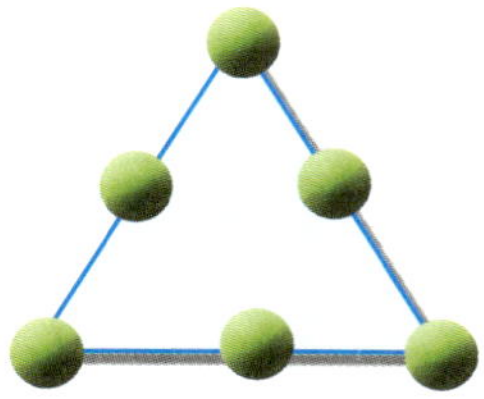

02 오른쪽의 곱셈식에서 A의 빈칸에 알맞은 수를 구하시오.

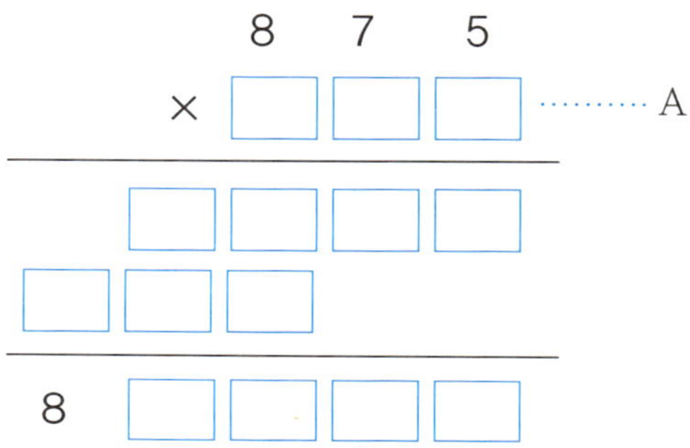

03 칠각형에 자신의 변을 포함하지 않는 삼각형을 그려보면 일곱 종류가 있습니다. 아래의 그림에 직접 그려 보시오.

안내된 학습

그림 ①과 같은 육각형에 자신의 변을 포함하지 않는 삼각형을 그려보면 그림 ②, 그림 ③과 같이 두 종류의 삼각형을 그릴 수 있습니다.

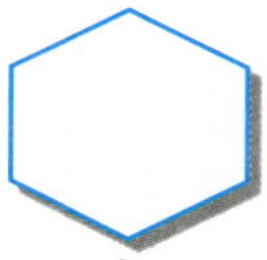
그림 ①

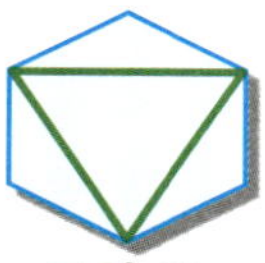
그림 ②

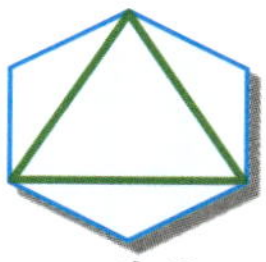
그림 ③

04 3g짜리 추 2개, 5g짜리 추 2개와 윗접시저울을 이용하여 물건의 무게를 재려고 합니다. 모두 몇 종류의 무게를 잴 수 있습니까?

05 A, B, C, D 네 팀이 리그전(어느 팀과도 한 번씩 경기를 하는 방식)으로 축구 경기를 했습니다. 그랬더니 총 6번의 경기를 하게 되었고 성적은 A는 2승 1패, B는 3승 0패, C는 1승 2패였습니다. D의 성적을 구하시오.

06 성냥개비 4개를 움직여 정삼각형 2개로 만드시오. 단, 성냥개비를 꺾거나 구부리면 안 됩니다.

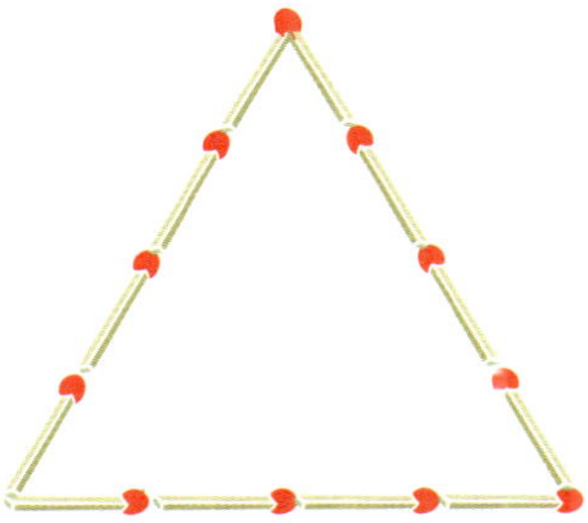

07 S에서 출발하여 모든 정사각형을 지나서 E까지 가는 길을 안내된 학습과 같이 나타내시오. 단, 붉은 부분은 통과할 수 없으며 한 번 지나간 길은 다시 지나갈 수 없습니다.

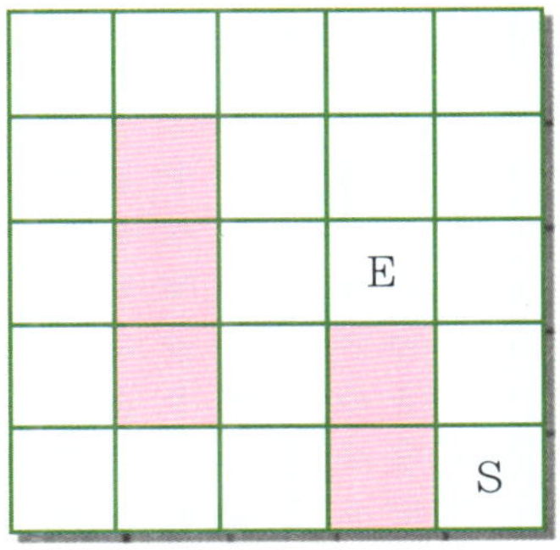

16

01 4~9의 수를 빈칸에 써넣어 각 변의 네 수의 합이 17이 되게 하시오.

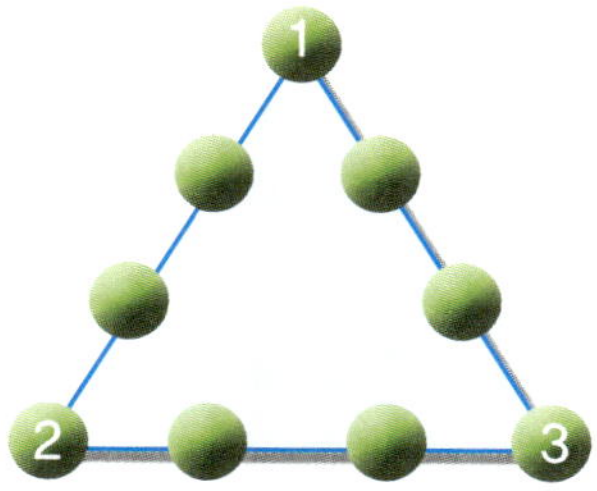

02 오른쪽의 문자 A, B, C에 알맞은 수를 구하시오.

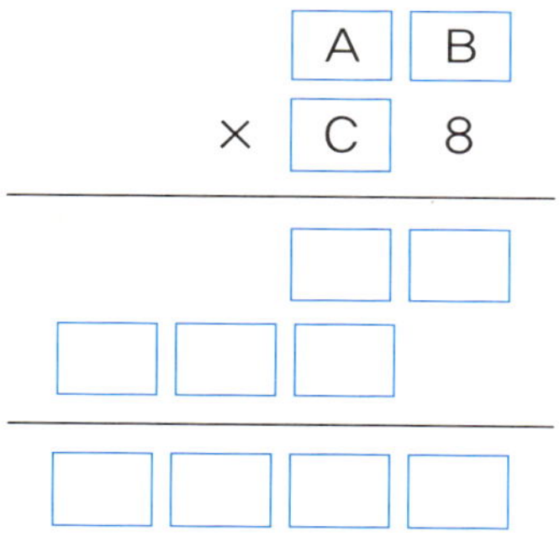

03 명철, 은수, 태영, 나미, 인성, 대중이의 나이는 13, 14, 31, 37, 38, 40살 중 하나입니다. 다음 조건을 참고하여 각각의 나이를 구하시오.

① 명철의 나이는 나미보다 많습니다.

② 태영이는 명철이보다 나이가 많습니다.

③ 대중이의 나이는 인성이보다 많지만 은수보다 적습니다.

④ 인성이는 태영이보다 나이가 많습니다.

04 두 자리의 수의 오른쪽에 7을 덧붙이면 처음의 수보다 700이 늘어나는 두 자리의 수를 구하시오. 예를 들어 23의 오른쪽에 3을 덧붙이면 233이 되므로 210이 늘어납니다.

05 한 시간에 6km의 빠르기로 걷다가 8시에 등나무 밑에서 잠시 쉬고, 다시 같은 빠르기로 걷기 시작했습니다. 300m 걸어가다가 모자를 놓고 온 것이 생각나서 모자를 찾으러 등나무 밑으로 갔습니다. 그러면 몇 시 몇 분에 모자를 다시 찾을 수 있습니까?

06 성냥개비 한 개를 움직여 계산한 결과가 440이 되게 하시오.

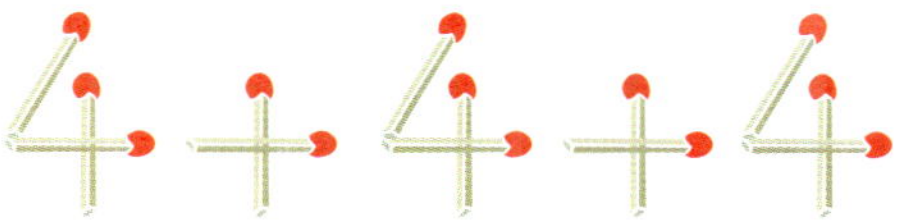

07 S에서 출발하여 모든 정사각형을 지나서 E까지 가는 길을 안내된 학습과 같이 나타내시오. 단, 붉은 부분은 통과할 수 없으며 한 번 지나간 길은 다시 지나갈 수 없습니다.

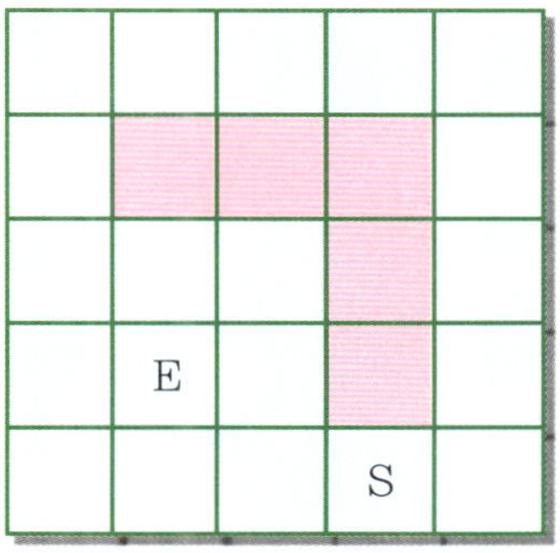

17

01 벌집 모양의 그림에 일정한 규칙으로 수를 배열했습니다. 빈 칸에 알맞은 수를 구하시오.

A = ☐ B = ☐ C = ☐

D = ☐ E = ☐ F = ☐

G = ☐ H = ☐

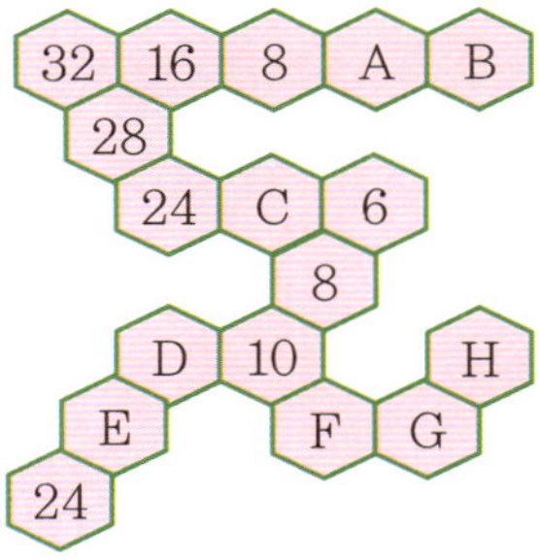

02 4125 × 24의 계산을 안내된 학습의 ③과 같이 4125를 분모가 8인 가분수로 고쳐 계산하시오.

안내된 학습

• 2125 × 16에서 2125를 분모가 8인 가분수로 고쳐 계산하는 방법

① $0.125 = \frac{1}{8}$, $2.125 = 2 + 0.125$, $2.125 = 2\frac{1}{8}$, $2\frac{1}{8} = \frac{17}{8}$

② $2.125 = \frac{17}{8} \Rightarrow 2.125 \times 1000 = \frac{17}{8} \times 1000 \Rightarrow 2125 = \frac{17000}{8}$

③ $2125 \times 16 = \frac{17000}{8} \times 16 = 17000 \times 2 = 34000$

03 한 쌍의 삼각자를 이용하여 165°인 각을 그려보시오.

안내된 학습

• 105°인 각을 그리는 방법

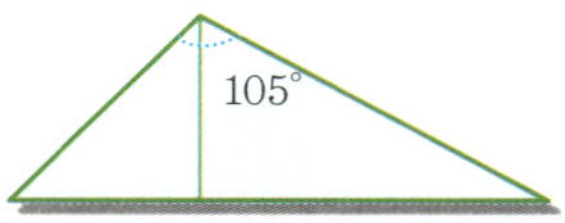

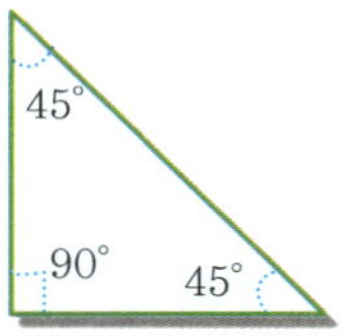

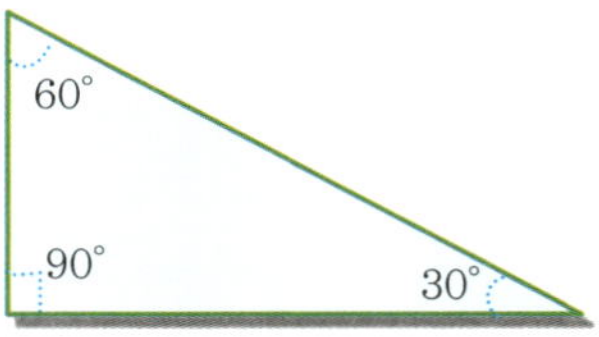

04 두 사람이 100m 달리기를 했는데 보람이의 기록은 소수 둘째 자리에서 반올림하여 17.5초이었고, 아람이의 기록은 17.47초이었습니다. 어느 선수가 더 빠르다고 생각할 수 있습니까?

05 오른쪽 그림과 같이 성냥개비로 99를 만들었습니다. 성냥개비 2개를 움직여 계산한 결과가 15인 수를 만들어보시오.

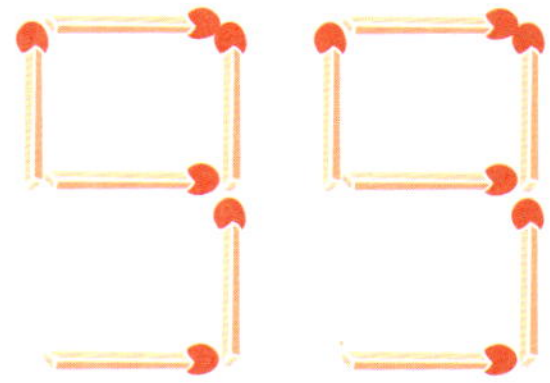

06 S에서 출발하여 모든 정사각형을 지나서 E까지 가는 길을 안내된 학습과 같이 나타내시오. 단, 붉은 부분은 통과할 수 없으며 한 번 지나간 길은 다시 지나갈 수 없습니다.

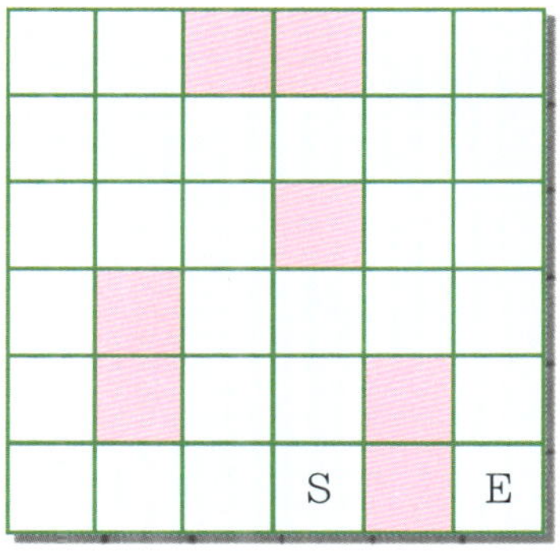

07 같은 종류의 연필을 깎았는데 깎은 모양이 다른 까닭을 설명하시오.

18

01 A~F의 빈칸에 1, 2, 6, 7, 11, 12의 수를 써넣어 화살표 방향의 수의 합과 같게 하시오.

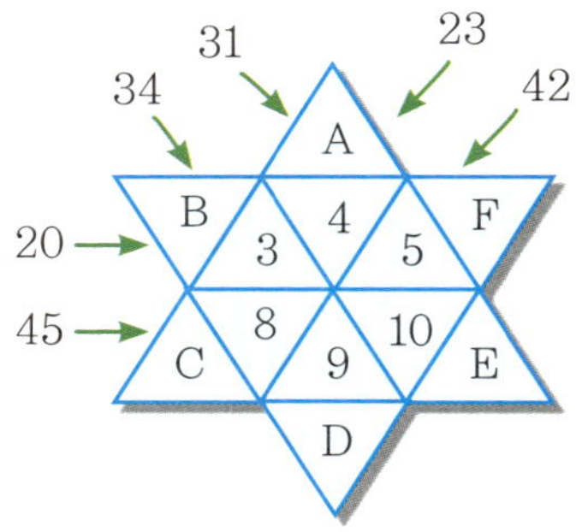

A = ☐ B = ☐ C = ☐

D = ☐ E = ☐ F = ☐

02 50에서 59까지의 같은 수의 곱은 안내된 학습과 같이 계산할 수 있습니다. 안내된 학습을 참고하여 머리셈으로 해결하시오.

안내된 학습

- $50 \times 50 = 2500$
- $51 \times 51 = 2601(5 \times 5 + 1)(01)$
- $52 \times 52 = 2704(5 \times 5 + 2)(04)$
- $53 \times 53 = 2809(5 \times 5 + 3)(09)$
- $54 \times 54 = 2916(5 \times 5 + 4)(16)$
- $55 \times 55 = 3025(5 \times 5 + 5)(25)$

1) 56×56　　2) 57×57

3) 58×58　　4) 59×59

03 눈금이 없는 정사각형 모양의 1L 들이 그릇이 있습니다. 이 그릇을 사용하여 0.5L 들이의 곡식을 재는 방법을 설명하시오.

04 ab와 ba의 곱이 5092인 수를 만들려고 합니다. 곱하는 두 수를 구하시오.

$66 \times 66 = 4356$, $77 \times 77 = 5929$임을 참고하시오.
(예 : $34 \times 43 = 1462$, $58 \times 85 = 4930$)

05 큰 정삼각형은 작은 정삼각형의 몇 배입니까?

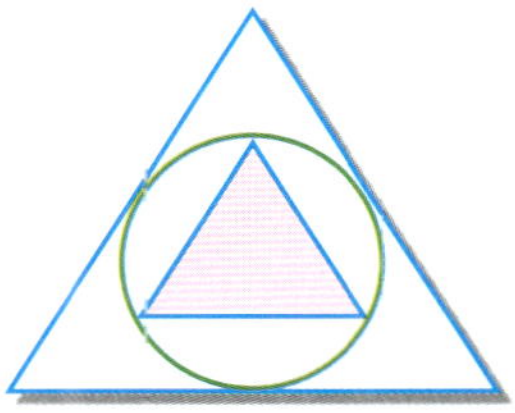

06 길이가 같은 9개의 성냥개비를 이용하여 정삼각형 3개를 만들었습니다. 3개의 성냥개비를 옮겨 정삼각형 5개로 만드시오. 단, 크기는 고려하지 않습니다.

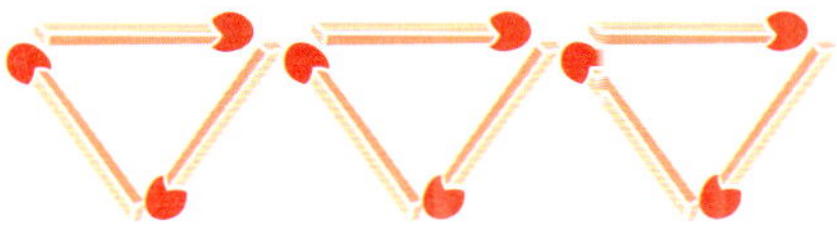

07 S에서 출발하여 모든 정사각형을 지나서 E까지 가는 길을 안내된 학습과 같이 나타내시오. 단, 붉은 부분은 통과할 수 없으며 한 번 지나간 길은 다시 지나갈 수 없습니다.

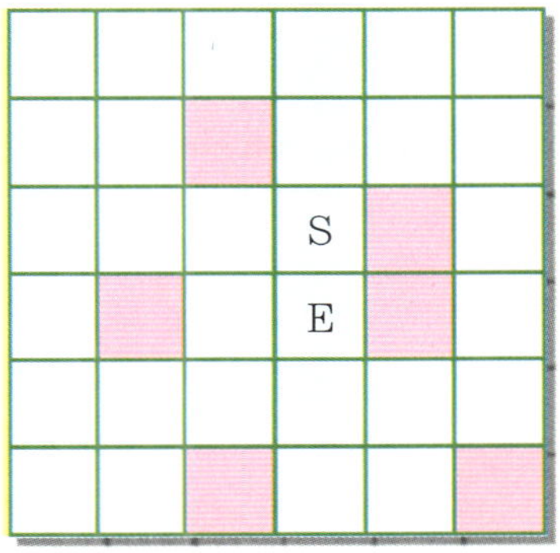

19

01 아래의 빈 칸에 0~10의 숫자를 써넣어 선으로 연결된 세 수의 합이 15가 되게 하시오.

안내된 학습

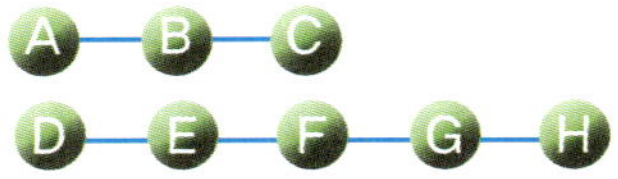

A + B + C = D + E + F = F + G + H = 15

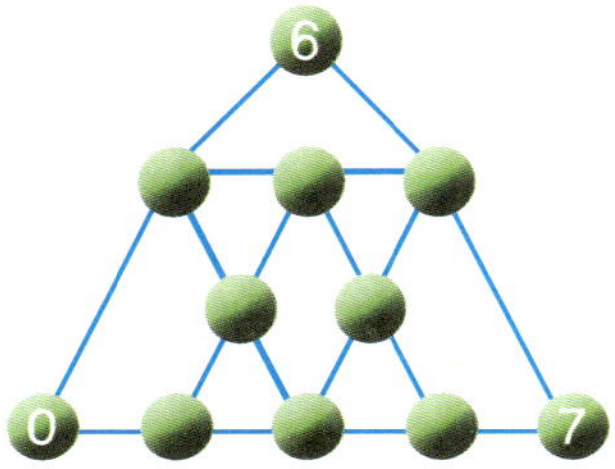

02 세 자리의 수의 각 자리의 숫자의 합이 6이 되는 경우는 모두 몇 가지입니까?

안내된 학습

세 자리의 수의 각 자리의 숫자의 합이 4인 경우 1 + 2 + 3 + 4 = 10가지

100의 자리의 숫자	수	개수
4	400	1
3	310, 301	2
2	220, 202, 211	3
1	130, 103, 121, 112	4

03 오른쪽 그림에서 점의 간격은 1cm입니다. 네 점을 이은 정사각형의 넓이를 구하시오.

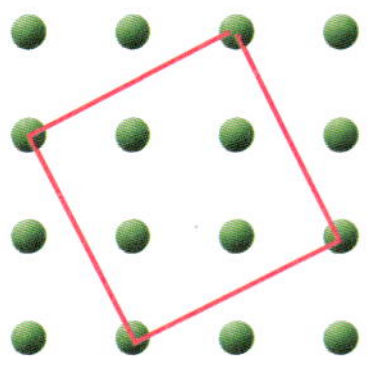

04 유진이는 은행에 예금하려고 합니다. 그래서 두 은행의 예금 조건을 알아보았더니 A은행은 1000만원을 4년 동안 예금하면 200만원의 이자를 준다고 하고, B은행은 2000만원을 5년 동안 예금하면 400만원의 이자를 준다고 합니다. 그러면 유진이는 어느 은행에 돈을 맡기는 것이 유리합니까?

05 길이가 같은 9개의 성냥개비를 사용하여 정삼각형 4개를 만들었습니다. 3개의 성냥개비를 옮겨 정삼각형 3개로 만드시오.

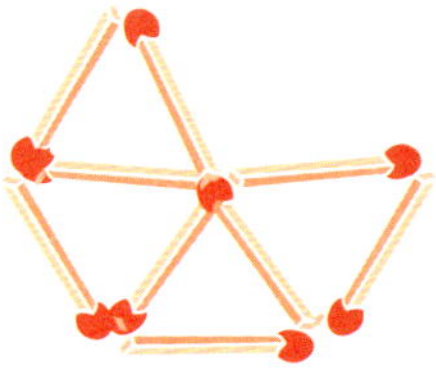

06 오른쪽 그림은 넓이가 $4cm^2$인 정사각형 6개로 이루어졌습니다. 이 그림에 4개의 직선을 그려 넣어 넓이가 $2cm^2$인 직각삼각형 14개를 만드시오.

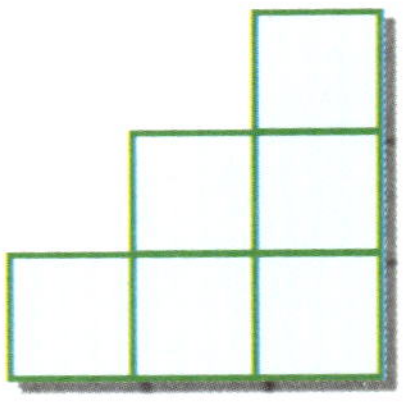

07 앞뒤가 구분되지 않는 로봇에 프로그램을 입력했는데 오류가 생겨 전진, 후진, 좌회전만 가능하고 우회전은 불가능합니다. 로봇이 장애물(굵은 선)을 비켜서 목적지로 가는 방법을 안내된 학습과 같이 선으로 나타내시오.

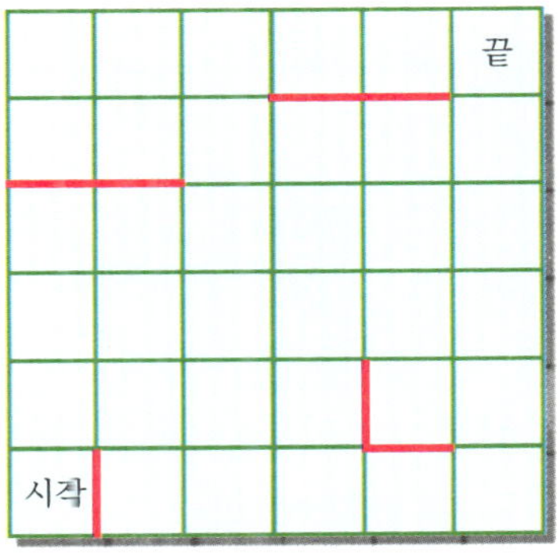

20

01 A~F의 빈 칸에 5~10의 숫자를 한 번씩 써 넣어 다각형(삼각형, 사다리꼴, 육각형)의 둘레의 숫자 합이 다각형 안쪽의 숫자와 같게 하시오.

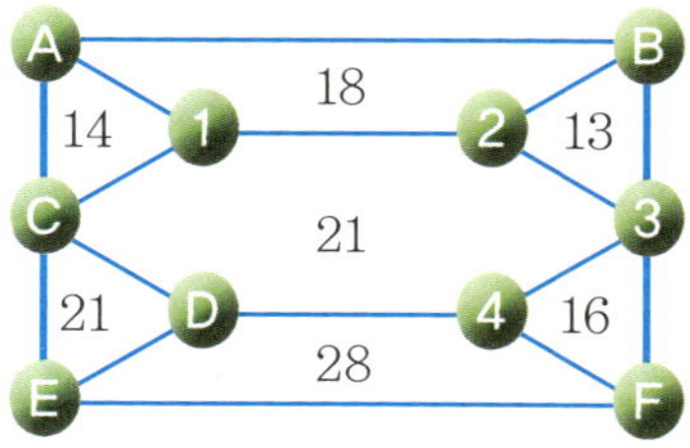

예) A + C + 1 = 14, A + B + 1 + 2 = 18,
C + D + 1 + 2 + 3 + 4 = 21

02 우리 몸의 혈액의 양은 몸무게(kg)의 $\frac{1}{14}$ L정도이고, 적혈구의 개수는 1mm^3의 부피에 약 500만 개가 들어있으며, 적혈구 한 개의 지름의 길이는 0.007mm입니다. 그러면 몸무게가 42kg인 사람의 적혈구의 개수는 몇 개입니까? 또, 적혈구를 한 줄로 늘어놓았을 때의 길이는 몇 km입니까?
1L는 1000000mm^3이고, 1km는 1000000mm입니다.

안내된 학습

몸무게가 56kg인 사람의 몸속에는 약 4L(56 × $\frac{1}{14}$)의 혈액이 들어 있고, 적혈구의 개수는 약 20조개입니다. (400만mm^3 × 500만 = 20조) 또한 56kg인 사람의 적혈구를 한 줄로 늘어놓으면 약 14만km(20조 × 0.007 ÷ 1000000 = 14만km)입니다.

03 부피가 같은 세 개의 병에 세균을 넣었습니다. 첫 번째 병에는 1마리, 두 번째 병에는 2마리, 세 번째 병에는 4마리를 넣었습니다. 이 세균이 1마리에서 2마리로 불어나는 데 걸리는 시간이 2초입니다. 세균이 계속 번식하여 세 번째 병에 가득 차는 데 20 초가 걸렸다면 첫 번째 병에 가득 차는 데 걸리는 시간은 몇 초입니까?

04 딱따구리가 나무속에 있는 벌레를 잡아먹기 위해 일 초에 약15번 정도 나무를 찍는데 이때 머리의 움직임은 총알의 두 배정도의 빠르기입니다. 그러면 딱따구리가 1분 동안에 나무를 찍는 횟수는 몇 번 입니까?

05 오른쪽의 그림에서 성냥개비 1개를 움직여 정사각형 2개로 만드시오. 단, 정사각형의 크기는 고려하지 않습니다.

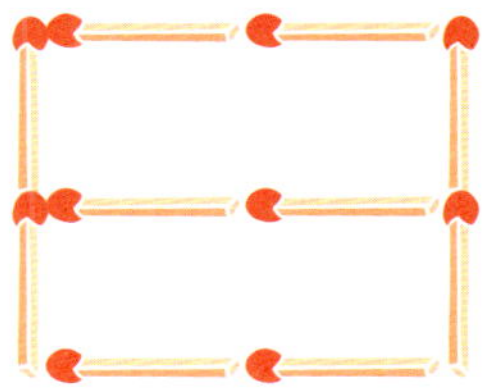

06 숫자의 합이 모두 똑같게 6조각으로 나누시오.

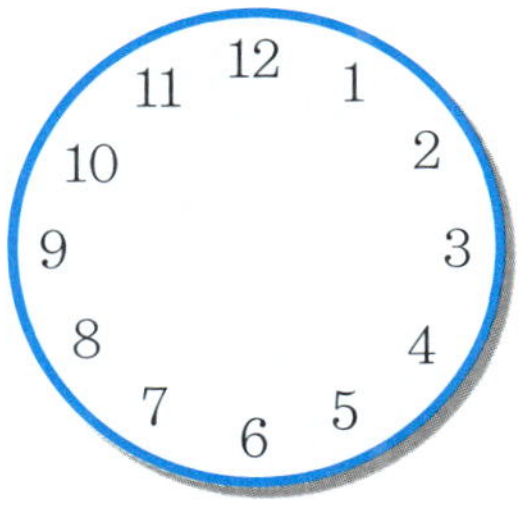

07 앞뒤가 구분되지 않는 로봇에 프로그램을 입력했는데 오류가 생겨 전진, 후진, 좌회전만 가능하고 우회전은 불가능합니다. 로봇이 장애물을 비켜서 목적지로 가는 방법을 안내된 학습과 같이 선으로 나타내시오.

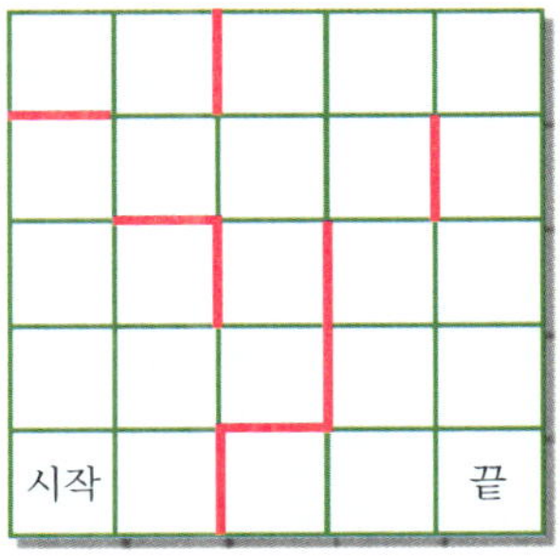

21

01 A~G의 빈 칸에 2, 3, 4, 5, 6, 7, 10의 숫자를 써넣어 다각형(삼각형, 사다리꼴, 육각형)의 둘레의 숫자의 합이 다각형 안쪽의 숫자와 같게 하시오.

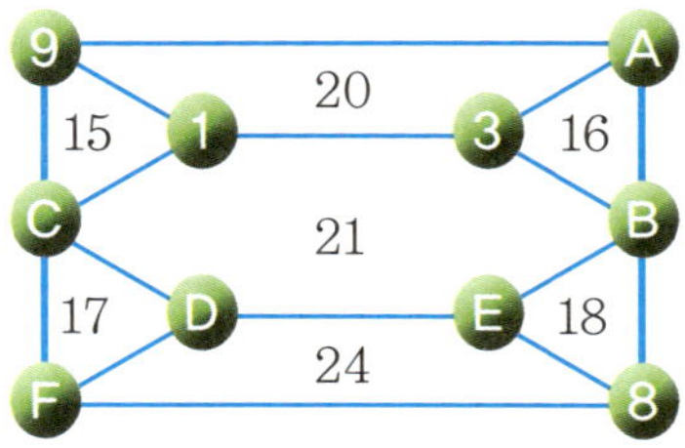

A = ☐　　B = ☐　　C = ☐

D = ☐　　E = ☐　　F = ☐　　G = ☐

02 아버지와 두 아들이 무인도에서 육지로 건너가려고 합니다. 아버지의 몸무게는 70kg, 큰아들의 몸무게는 40kg, 작은아들의 몸무게는 30kg입니다. 그리고 배에 탈 수 있는 무게는 70kg이고, 세 사람 모두 배를 운전할 수 있습니다. 무인도와 육지의 거리가 10분이라면 세 사람 모두 육지로 건너가는 데 걸리는 시간은 몇 분입니까?

03 그림 ①과 같이 음료수가 가득 들어 있는 컵 다섯 개와 빈 컵 다섯 개가 있습니다. 두 개의 컵을 움직여 그림 ②와 같이 배치하는 방법을 설명하시오.

그림 ①

그림 ②

04 □ 안에 1~9의 숫자를 한 번만 써넣어 계산 결과가 70080이 되게 하시오. 단, 이미 사용한 숫자는 제외합니다.

9 A × B C = 1 2 × D 8 E

05 1~3, 1~4, 1~5, 1~6의 숫자를 모두 사용하여 두 수를 만들어 곱한 결과가 가장 큰 수를 만드는 방법은 안내된 학습과 같습니다. 1~7, 1~8의 숫자를 모두 사용하여 두 수를 만들되 두 수를 곱한 결과가 가장 큰 수가 되게 하시오.

안내된 학습

1 − 3		1 − 4		1 − 5		1 − 6	
3 21	3 × 21	41 32	41 × 32	52 431	52 × 431	631 542	631 × 542

1 − 7		1 − 8	

06 앞뒤가 구분되지 않는 로봇에 프로그램을 입력했는데 오류가 생겨 전진, 후진, 좌회전만 가능하고 우회전은 불가능합니다. 로봇이 장애물(굵은 선)을 비켜서 목적지로 가는 방법을 안내된 학습과 같이 선으로 나타내시오.

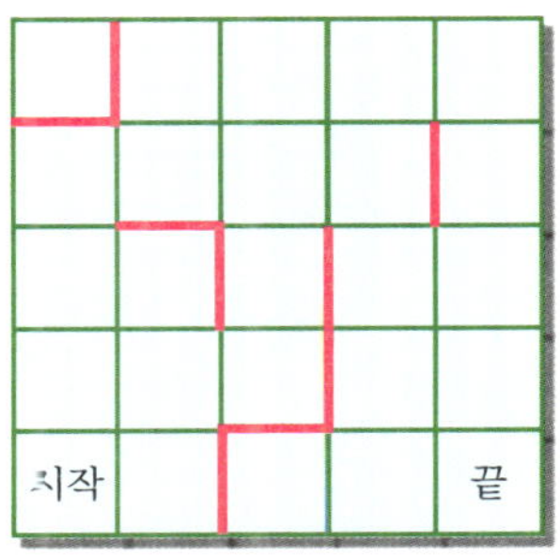

22

01 A~J의 빈 칸에 2, 4, 6, 9, 10, 11, 12, 13, 14의 숫자를 써넣어 다각형(삼각형, 사다리꼴, 육각형)의 둘레의 숫자의 합이 다각형 안쪽의 숫자와 같게 하시오.

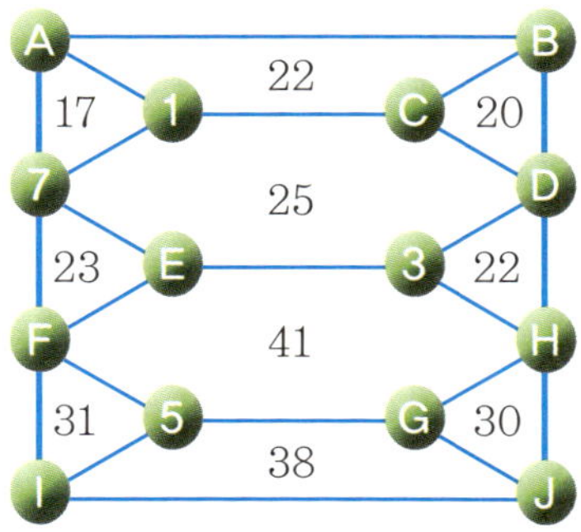

A = ☐ B = ☐ C = ☐

D = ☐ E = ☐ F = ☐

G = ☐ H = ☐ I = ☐ J = ☐

02 A~G에 1~9의 수를 써넣어 식이 성립하게 하시오. 단, 이미 사용한 4와 7은 제외합니다.

$$\begin{array}{r} A\,7 \\ \times\quad 4 \\ \hline B\,C \end{array} + D\,E = F\,G$$

03 왼쪽 도형의 둘레의 길이를 구하시오.

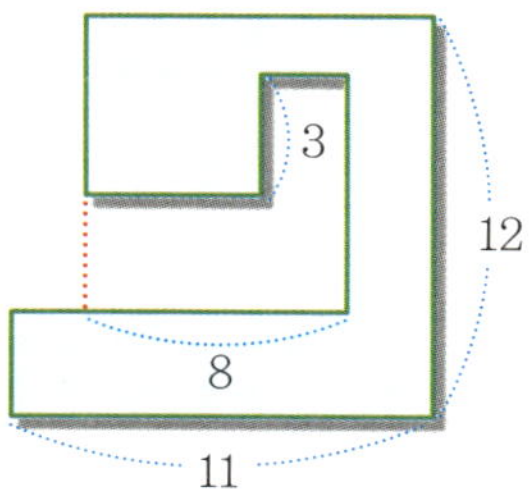

04 1, 2, 3, 4, 5, 6, 7, 8, 9 9개의 숫자카드가 각각 1장씩 있습니다. 이 카드 2개를 합하여 짝수가 되는 경우는 도두 몇 가지입니까? 예를 들어 숫자카드 1과 2를 합하면 3이고, 2와 3을 합하면 5이므로 홀수가 됩니다.

05 도형의 둘레의 길이를 내부에 겹쳐진 선분의 개수를 이용하여 구하는 방법이 있습니다. 아래의 안내된 학습을 연구하여 그림 ⑤의 둘레의 길이를 구하시오.

안내된 학습

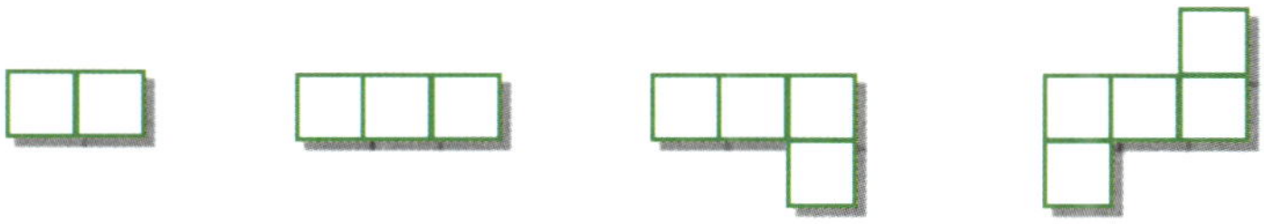

그림 ① 그림 ② 그림 ③ 그림 ④

구 분	그림 ①	그림 ②	그림 ③	그림 ④
정사각형의 둘레의 길이	4 × 2	4 × 3	4 × 4	4 × 5
내부의 겹쳐진 선분의 개수	1	2	3	4
도형의 둘레의 길이	6	8	10	12
둘레의 길이 구하는 방법	4 × 2 − 1 × 2	4 × 3 − 2 × 2	4 × 4 − 3 × 2	4 × 5 − 4 × 2

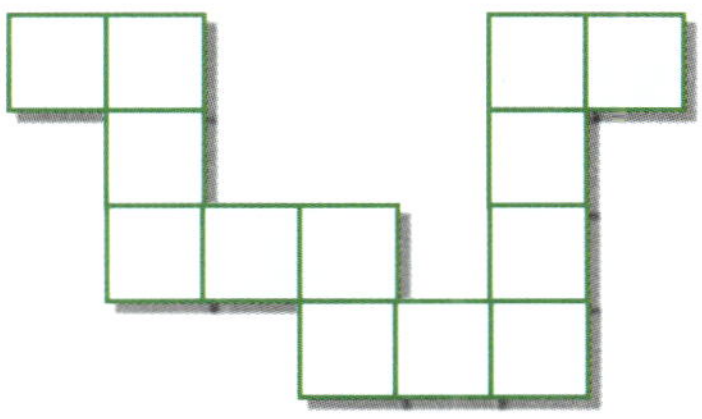

그림 ⑤

06 성냥개비 4개를 움직여 정사각형 3개로 만드시오. 단, 정사각형의 크기는 고려하지 않습니다.

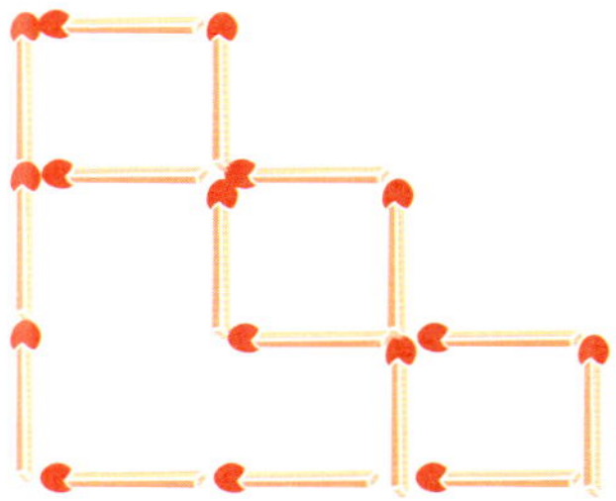

23

01 3장의 숫자카드와 + , − , × , ÷ , ( )등의 수학 기호를 사용하여 3인 수를 만드시오. 단, 안내된 학습은 정답에서 제외합니다.

안내된 학습

3 + 3 − 3 = 3

3	3	3

02 13kg의 밀가루가 있습니다. 윗접시저울을 세 번 사용하여 4kg과 9kg으로 나누는 방법을 설명하시오. 단, 분동(저울추)은 750g짜리 한 개밖에 없습니다.

안내된 학습

윗접시저울과 250g짜리 분동 한 개를 사용하여 7kg의 설탕을 2kg과 5kg으로 나누는 방법 연구

① 설탕 7kg을 윗접시저울의 양쪽에 똑같이 올려놓아 3500g씩 나눕니다.
② 설탕 3500g을 윗접시저울의 양쪽에 똑같이 올려놓아 1750g씩 나눕니다.
③ 윗접시저울의 왼쪽에 1750g과 250g의 분동을 올려놓고, 오른쪽에 설탕을 올려놓아 수평이 되게 하면 2kg의 설탕을 잴 수 있습니다.

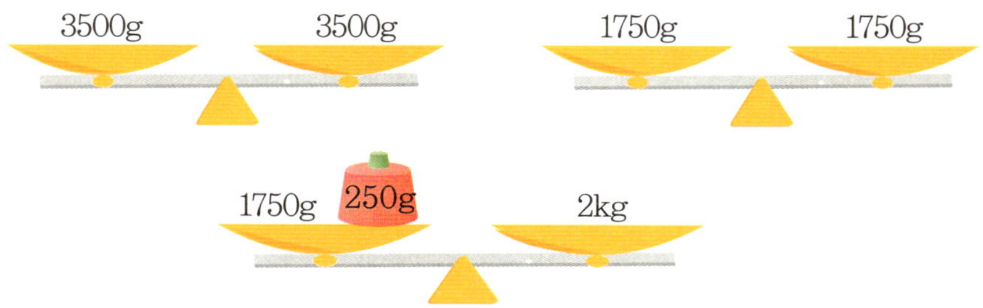

03 ①~②에서 규칙을 찾아 ③의 빈칸에 알맞은 수를 써넣으시오.

	a	b	c	d	e	f	g	h
①	16	12	193	205	426	424	429	4290
②	8	4	33	37	82	80	85	850
③	20							

04 891을 안내된 학습과 같은 방법으로 계산하고 그 결과를 말하여 보시오.

안내된 학습

abc ⇒ ab + bc + a + b + c

05 왼쪽 도형의 둘레의 길이를 구하시오.

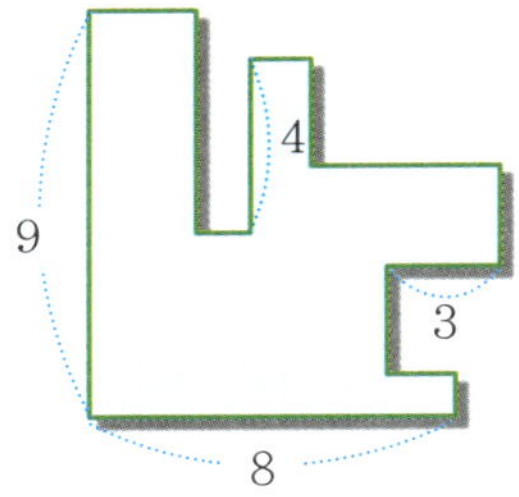

06 로봇에 프로그램을 입력했는데 오류가 생겨 우회전이 불가능하고, 전진, 후진, 좌회전만 가능합니다. 로봇이 장애물(굵은 선)을 비켜서 S에서 E까지 가는 방법을 안내된 학습과 같이 선으로 나타내시오.

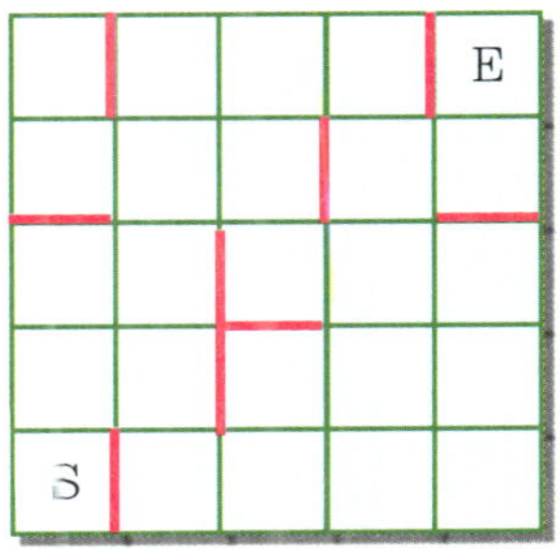

24

01 4장의 숫자카드와 + , − , × , ÷ , (   )등의 수학 기호를 사용하여 4인 수를 만드시오.

4	4	4	4

02 333333 × 333333의 계산을 머리셈으로 하시오.

안내된 학습

- 33 × 33 = 1089
- 333 × 333 = 110889
- 3333 × 3333 = 11108889
- 33333 × 33333 = 1111088889

03 가로 20m, 세로 12m인 화단에 폭이 1m인 길을 만들었습니다. 길을 제외한 화단만의 넓이를 구하시오.

안내된 학습

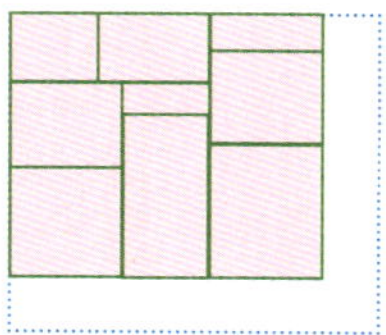

04 건반악기의 두 음을 연주할 때 화음이 잘 어울리는 경우는 '도'와 '미', '미'와 '솔' 등이 있습니다. 이 화음은 소리의 진동수와 관계가 있는데 아래와 같습니다.

음	도(C)	레(D)	미(E)	파(F)	솔(G)	라(A)	시(B)
진동수(헤르쯔)	264	294	330	349	392	440	494

그런데 이 중에서 화음이 잘 어울리는 경우는 두 음을 분수로 나타냈을 때 $\frac{2}{3}$, $\frac{3}{4}$과 같이 간단하게 약분이 되는 경우이며, $\frac{349}{494}$와 같이 약분이 안 되면 화음이 잘 어울리지 않는다고 합니다.
예를 들어 '도' 음과 '미' 음을 분수로 나타내면 $\frac{264}{330}$이고, 이를 약분하면 $\frac{4}{5}$가 되며 화음이 잘 어울리는 경우입니다.
다음 중에서 두 음이 간단하게 약분이 되는 것을 모두 찾아보시오.

(도 , 레)　(도 , 파)　(레 , 솔)　(도 , 라)　(미 , 라)

05 아래의 그림과 같은 게임 기구에서 검은 색과 흰색의 위치를 바꾸어 놓으려고 합니다. 좌우, 상하, 대각선으로 움직여도 좋으나 한 장소에 2개를 겹쳐 놓을 수 없습니다. 물체를 다섯 번 움직여 검은 색과 흰색의 위치를 바꾸는 방법을 설명하시오.

☞ 제일 먼저 바둑알을 대각선 방향으로 옮겨야 해결할 수 있습니다.

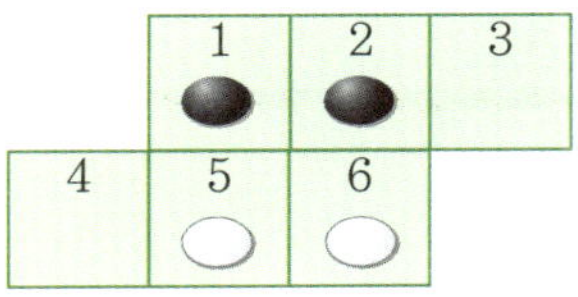

06 16개의 성냥개비로 2개의 정사각형을 만들었습니다. 성냥개비 3개를 추가하여 정사각형 4개로 만드시오. 단, 정사각형의 크기는 고려하지 않습니다.

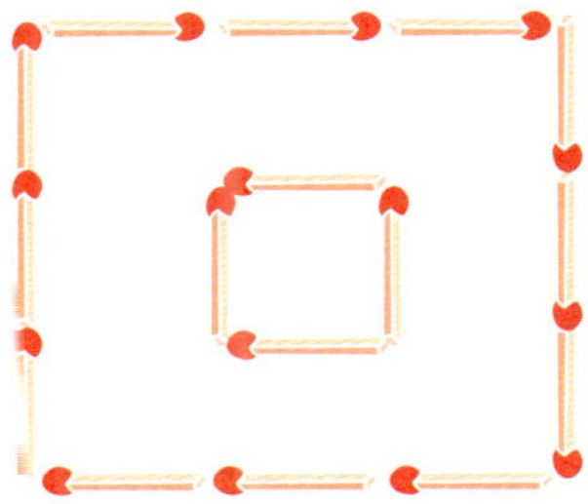

25

01 숫자 9가 쓰여 있는 아홉 장의 카드와 수학기호를 사용하여 9를 만드시오. 단, 99, 999와 같이 숫자를 붙여 쓰지 마시오.

9	9	9	9	9	9	9	9	9

02 민주는 미술 시간에 찢어 붙이기를 하려고 160쪽 분량의 잡지책을 한 권 가져왔습니다. 찢어 붙이기를 하기 위해 3쪽에서 6쪽까지 찢었더니 4쪽이 없어졌습니다. 그리고 친구에게 125쪽에서 129쪽까지를 찢어주었습니다. 그러면 현재 남아 있는 책의 쪽 수는 몇 쪽입니까?

안내된 학습

- 3쪽에서 6쪽까지 찢었을 때 오른쪽에 3쪽이 표시되어 있으면 (3, 4), (5, 6) — 4쪽이 찢어집니다.
- 3쪽에서 6쪽까지 찢었을 때 왼쪽에 3쪽이 표시되어 있으면 (2, 3), (4, 5), (6, 7) — 6쪽이 찢어집니다.

03 큰 직사각형을 4개의 작은 직사각형으로 나누었더니 넓이가 45cm^2, 36cm^2, 20cm^2, □ cm^{2}이었습니다. 나머지 직사각형의 넓이를 구하시오.

45cm^2	20cm^2
36cm^2	?

04 무게가 다른 네 종류의 물체'가, 나, 다, 라'를 윗접시저울에 올려놓았더니 수평이 되었습니다. 물체'가, 나, 다, 라'의 무게가 2g, 5g, 7g, 10g 중 하나이라면 각각의 물체의 무게는 몇 g입니까?

그림 ①

그림 ②

05 가로의 길이가 20m이고, 세로의 길이가 12m인 화단에 너비가 1m인 길을 만들었습니다. 화단의 넓이를 구하시오.

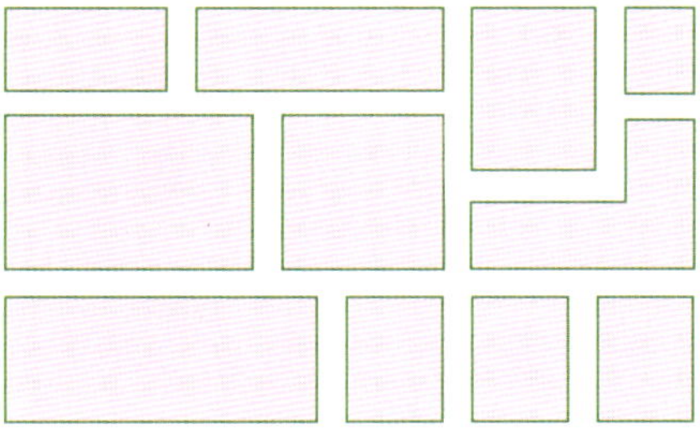

06 성냥개비 3개를 움직여 크기가 같은 정사각형 4개로 만드는 방법을 그림으로 나타내시오

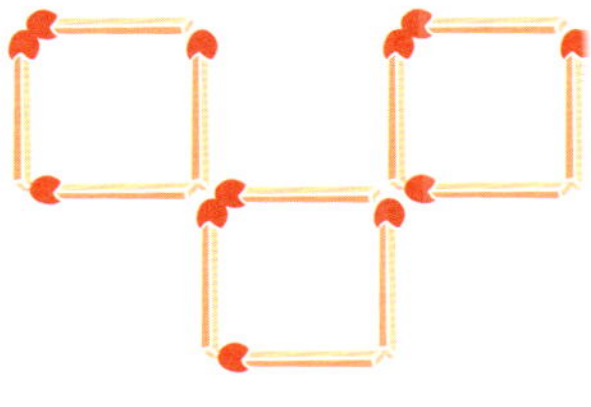

26

01 8이 쓰여 있는 여덟 장의 숫자카드와 덧셈기호(+)만 사용하여 1000을 만드시오. 단, 88, 888, 8888 등과 같이 숫자를 붙여 써도 좋습니다.

8 8 8 8 8 8 8 8

02 화살표 방향으로 A에서 J까지 가는 방법이 모두 몇 가지인지 알아보려고 합니다. 빈칸에 알맞은 수를 써넣으시오.

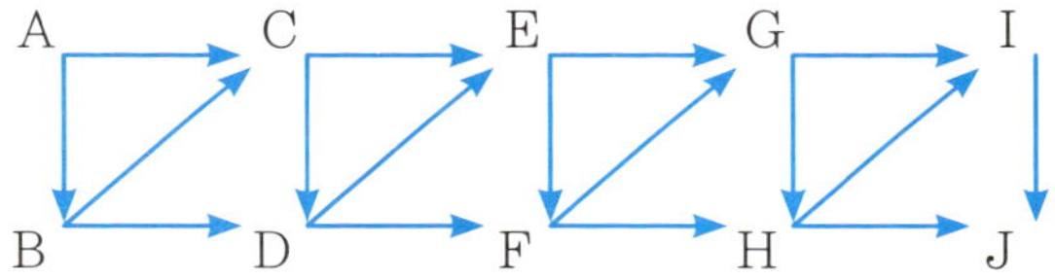

목적지	A − B	A − C	A − D	A − E	A − F	A − G	A − H	A − I	A − J
가짓수	1	2	3			13			

안내된 학습

1, 1, 2, 3, 5, 8, …… ⇒ 1, 1, 2(1 + 1), 3(1 + 2), 5(2 + 3), 8(3 + 5), ……

03 강아지를 300000원 주고 사서 2년 후에 350000원에 팔았는데 강아지가 보고 싶어 팔았던 강아지를 400000원에 다시 샀습니다. 그런데 해외로 이사를 가게 되어 강아지를 410000원에 되팔았습니다. 그러면 이 사람은 얼마의 이익을 보았습니까?

04 오른쪽의 빈칸에 알맞은 수를 써넣어 각각의 줄과 열의 수의 합이 같게 하시오.

55	72	57	19	57
74	4		93	20
54		41		50
30	87			84
47	25	47	92	49

05 검은 바둑알과 흰 바둑알을 아래와 같이 배열했습니다. 열 번째 그림의 검은 바둑알의 개수를 구하시오.

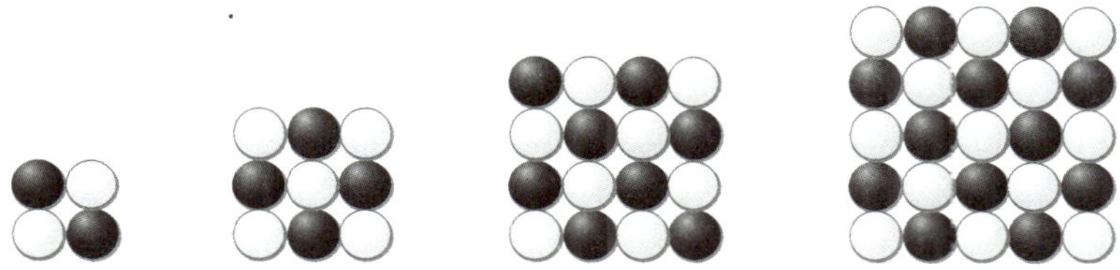

첫 번째　　두 번째　　세 번째　　네 번째

06 오른쪽의 그림은 정사각형을 같은 간격으로 나누고 같은 문자끼리 연결한 것입니다. 안내된 학습을 참고하여 같은 문자끼리 직선으로 연결하시오.

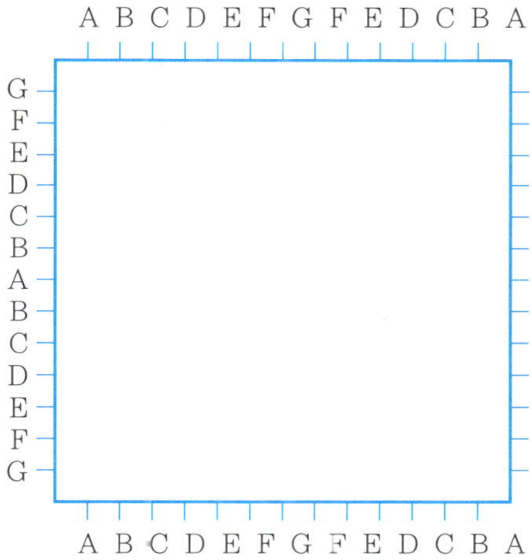

27

01 10개의 숫자카드 1과 수학기호를 이용하여 1000을 만드시오. 단, 숫자카드는 11, 111, 1111,……과 같이 붙여 쓸 수 있습니다.

1	1	1	1	1	1	1	1	1	1

02 어느 회사에서 신입사원을 채용하기로 했습니다. A, B, C, D 네 명의 지원자 중에서 실력이 우수한 사원을 뽑기로 했는데 성적에 따라 네 사람 모두 뽑을 수도 있고, 한 사람도 안 뽑을 수도 있습니다. 사원을 뽑는 방법은 모두 몇 가지입니까? 안내된 학습과 같이 빈칸을 완성하시오.

안내된 학습

A, B, C 3 명의 지원자 중 사원을 뽑는 방법

채용 인원	채용 방법	가짓수
3명	ABC	1
2명	AB, AC, BC	3
1명	A, B, C	3
0명	한 사람도 채용하지 않습니다	1
전체의 가지 수		8

채용 인원	채용 방법	가짓수
4명	ABCD	1
3명		
2명		
1명		
0명	한 사람도 채용하지 않습니다	1
전체의 가지 수		16

03 안내된 학습과 같이 그림 ①을 2개 사용하면 그림 ②와 같이 2종류의 정사각형을 만들 수 있습니다. 그러면 그림 ①을 3개 사용하면 몇 종류의 직사각형을 만들 수 있습니까? 단, 회전하여 같은 모양은 한 가지로 합니다.

04 성냥개비 2개를 빼어버려 크기가 같은 정사각형 4개를 만드시오.

05 아래의 그림은 가로의 길이와 세로의 길이의 비가 3 : 2인 직사각형입니다. 같은 문자끼리 직선으로 연결하면 어떤 모양이 되는지 예상해 보고, 직접 그려보시오.

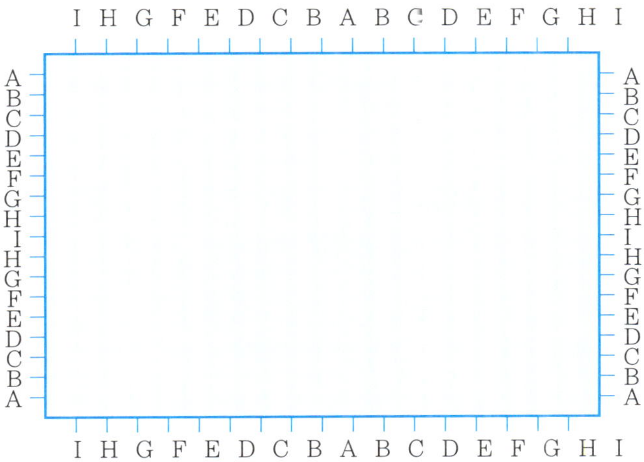

28

01 그림과 같은 숫자카드가 있습니다. 이 숫자카드 사이에 수학기호를 써넣어 100이 되게 하시오. 단, 99 + 99 ÷ 99와 같이 숫자를 붙여 쓸 수 없습니다.

9　9　9　9　9　9

02 여덟 명이 둥근 식탁에 앉아 동시에 서로 엇갈리지 않게 악수를 하는 방법은 여섯 가지가 있습니다. 안내된 학습과 같이 굵은 선으로 나타내시오. 안내된 학습1에서 그림 ①, ②는 바른 답이고, 그림 ③, ④는 틀린 답입니다.

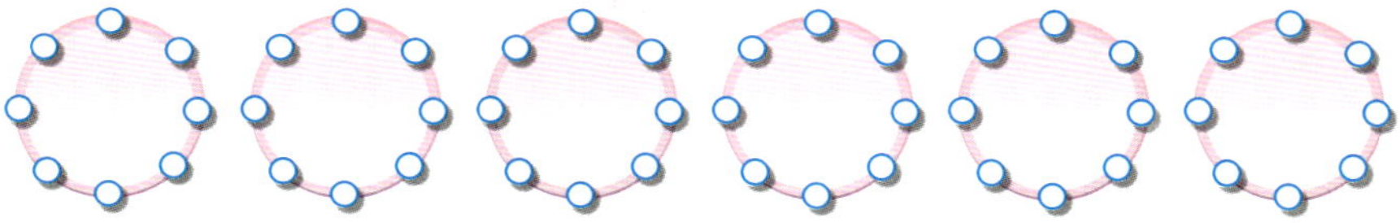

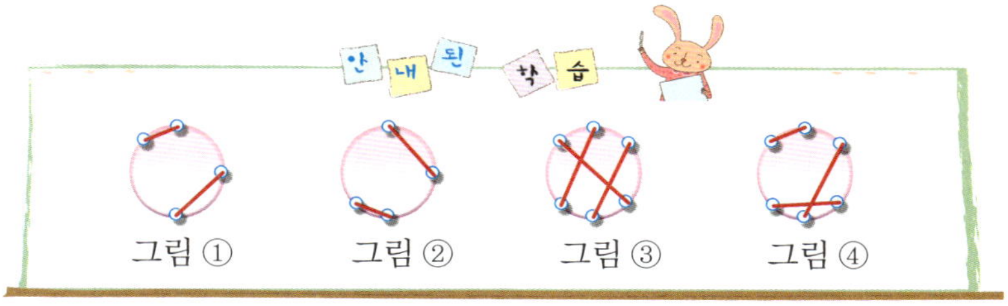

03 경수는 집을 짓는데 계절, 시간, 밤낮, 연, 월, 일 등이 숨겨져 있는 집을 지으려고 합니다. 다음에서 이와 관련된 부분을 찾으시오.

집을 짓는데 8760개의 벽돌을 사용하였고, 4개의 방을 만들었습니다. 그리고 정원에는 12그루의 소나무와 30종류의 야생화를 심었으며, 7종류의 과일나무도 심었습니다. 또, 흰색과 검은 색의 개집을 각각 한 개씩 지었으며, 연못에는 60마리의 비단잉어를 넣었습니다.

04 성냥개비 4개를 빼어버려 크기가 같은 정사각형 5개로 만드시오.

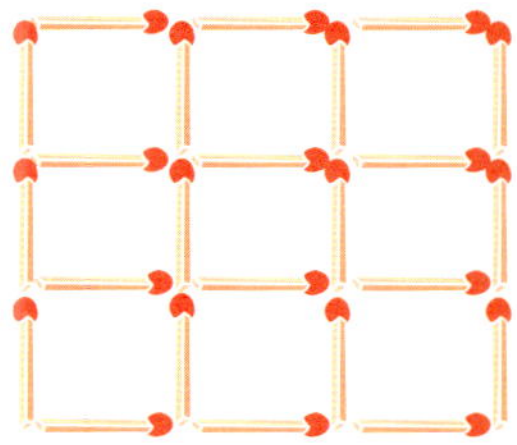

05 반지름의 길이가 2cm인 반원을 너비가 2cm인 통로로 지나가게 하려고 합니다. 안내된 학습을 참고하여 반원이 A에서 B로 통과하는 방법을 그림으로 나타내시오.

안내된 학습

- 아래의 그림 ①에서 반원은 모서리에서 회전이 가능하여 A로 갈 수 있지만 그림 ②에서 반원은 모서리에서 회전이 불가능하여 A로 갈 수 없습니다.
- 그림 ③에서 반원을 A에서 B로 옮기려면 그림 ④와 같이 움직여야 합니다.

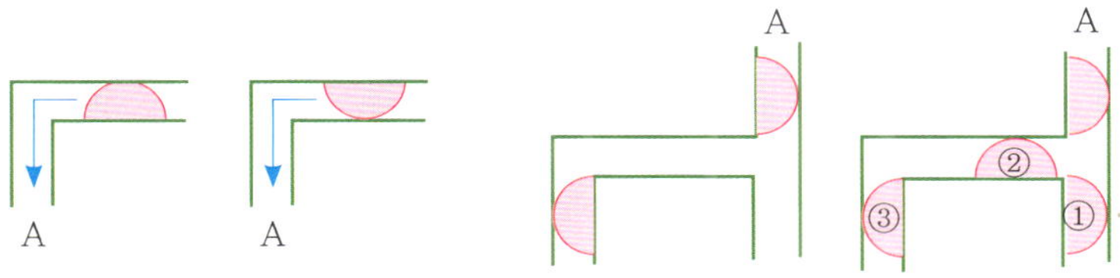

그림 ① 그림 ② 그림 ③ 그림 ④

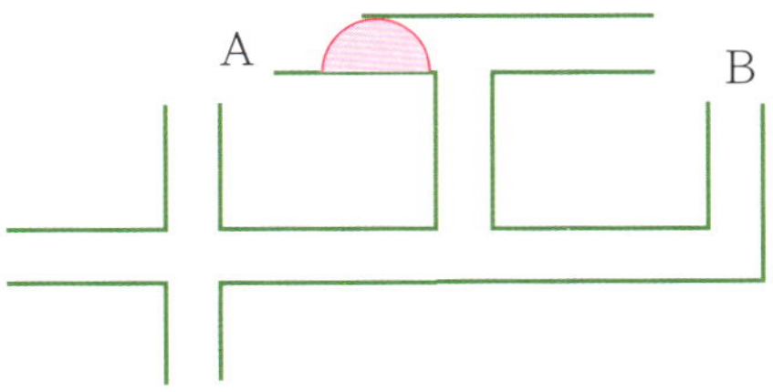

그림 ①

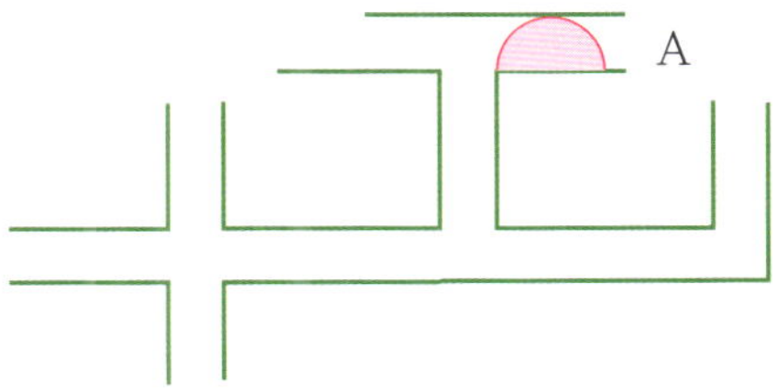

그림 ②

06 자를 이용하여 정육각형의 안쪽에 작은 정육각형을 그려보시오.

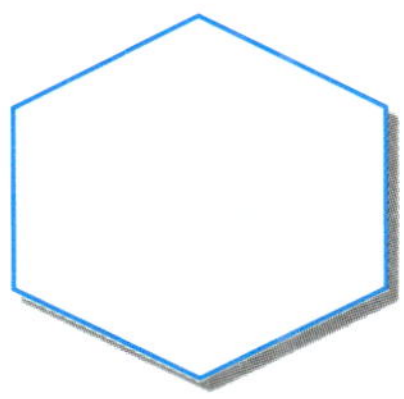

29

01 아래 그림과 같이 숫자카드가 있습니다. 이 숫자카드 사이에 덧셈 기호(+)와 뺄셈 기호(−)를 써넣어 100이 되게 하려고 합니다. 빈 칸에 알맞은 수학기호를 써넣으시오.

1	2	3		4		5		6		7		8		9

02 $\frac{1}{4}$의 분모의 왼쪽과 분자의 오른쪽에 숫자 6을 붙여 새로운 분수를 만들었습니다. 새로 만든 분수를 약분하여 크기를 비교하시오. 단, 전자계산기를 사용해도 좋습니다.

$$\frac{1}{4},\quad \frac{16}{64},\quad \frac{166}{664},\quad \frac{1666}{6664},\quad \frac{16666}{66664}$$

03 숫자 1, 0, 2, 5, 5를 두 수의 곱으로 나타내어 10255인 수를 만들려고 합니다. 문자A~E를 숫자로 나타내시오.

$$\begin{array}{r} \boxed{A}\ \boxed{B}\ \boxed{C}\ \boxed{D} \\ \times \qquad\qquad\ \ \boxed{E} \\ \hline 1\ \ 0\ \ 2\ \ 5\ \ 5 \end{array}$$

A = ☐ B = ☐ C = ☐ D = ☐ E = ☐

04 아래의 그림에서 왼쪽에 있는 과일과 오른쪽에 있는 동물의 자리를 바꾸는 방법을 아래의 그림을 보고 설명하시오. 움직일 수 있는 칸의 수는 제한이 없으며 같은 종류의 과일이나 같은 동물끼리는 한꺼번에 움직일 수 있습니다. 그러나 다른 종류의 그림은 함께 움직일 수 없습니다.

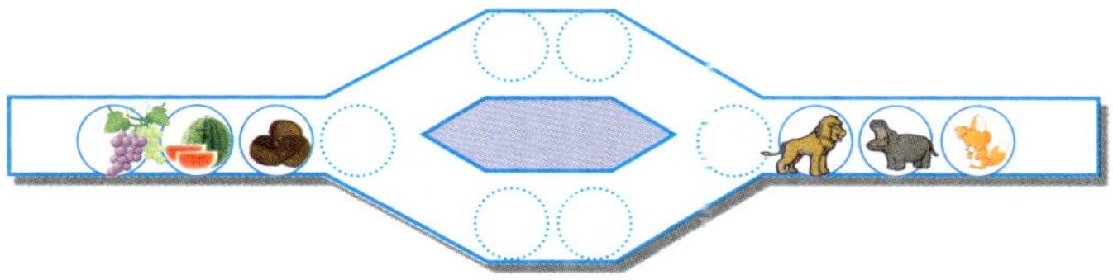

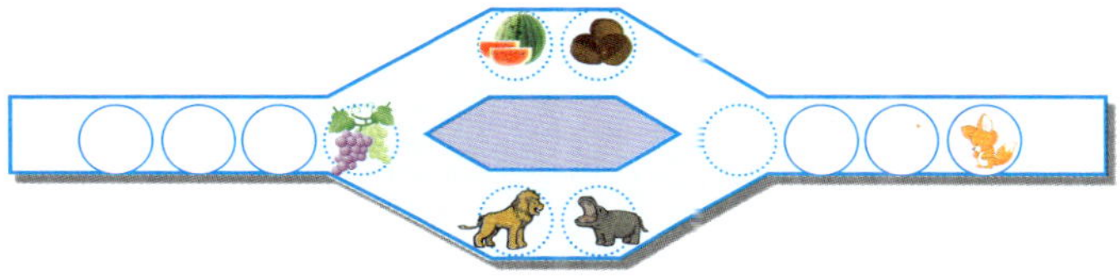

① 포도, 수박, 밤을 한꺼번에 밀어서 3칸씩 옮깁니다.

②

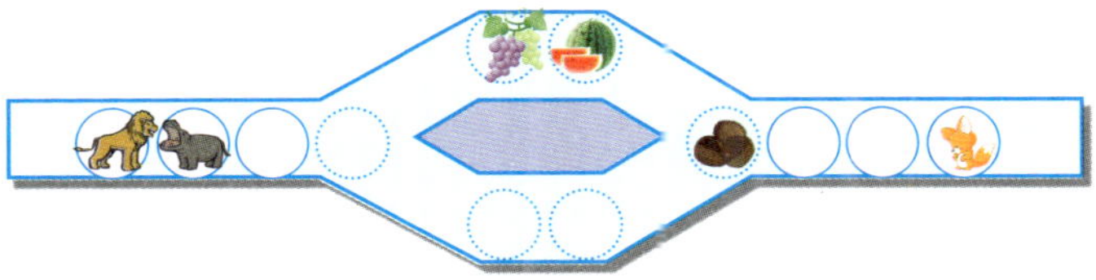

③ 포도, 수박, 밤을 한꺼번에 밀어서 1칸씩 옮깁니다.

④

⑤ 포도, 수박, 밤을 한꺼번에 1칸씩 뒤로 옮깁니다.

⑥

⑦ 포도, 수박, 밤을 4칸씩 옮기고, 여우를 2칸 옮겨 자리를 바꿉니다.

30

01 아래의 숫자카드 사이에 덧셈 기호(+)와 뺄셈 기호(−)를 넣어 100이 되게 하려고 합니다. 빈 칸에 알맞은 수학기호(+ , −)를 써넣으시오.

9	8		7		6		5		4		3		2		1

02 123456789를 99로 나눈 나머지를 안내된 학습과 같은 방법으로 구하시오.

안내된 학습

어떤 수를 99로 나눈 나머지 구하기

- 12345 ÷ 99 = 124 ··· 69 ⇐ 나머지 : 1 + 23 + 45 = 69
- 123456 ÷ 99 = 1247 ··· 3 ⇐ 나머지 : 12 + 34 + 56 = 102 → 1 + 2 = 3
- 369147 ÷ 99 = 3728 ··· 75 ⇐ 나머지 : 36 + 91 + 47 = 174 → 1 + 74 = 75
- 246813579 ÷ 99 = 2493066 ··· 45

⇐ 나머지 : 2 + 46 + 81 + 35 + 79 = 243 → 2 + 43 = 45

03 우유가 가득 들어 있는 통이 다섯 개, 반이 들어 있는 통이 다섯 개, 빈 통이 다섯 개 있습니다. 우유와 우유통을 세 사람에게 똑같이 나누어 줄 수 있는 방법을 설명하시오. 단, 빈 통도 똑같이 나누어 주어야 합니다.

가득 들어있는 통

반이 들어있는 통

비어있는 통

04 100권의 학급 문고에 번호를 써서 구분하려고 합니다. 숫자 1은 모두 몇 번 써야 합니까?

05 한 단어로 된 동물을 숫자로 나타내었습니다. 3 개의 철자의 합이 145이면 어떤 동물을 나타냅니까?

ㄱ = 1, ㄴ = 2, ㄷ = 4, ㄹ = 8, ㅁ = 16, ㅂ = 32, ㅏ = 64, ㅗ = 128, ㅣ = 256

06 바둑알을 아래의 그림과 같이 배열했습니다. 다섯 번째 그림의 바둑알의 개수를 구하시오.

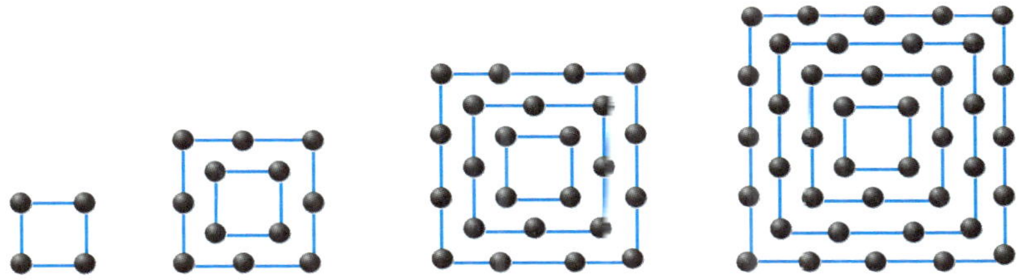

첫 번째　　두 번째　　세 번째　　네 번째

07 성냥개비 3개를 옮겨 크기가 같은 정사각형 5개로 만드시오. 단, 성냥개비를 빼어버리면 안 됩니다.

안내된 학습

성냥개비 2개를 옮겨 정사각형 4개로 만들기

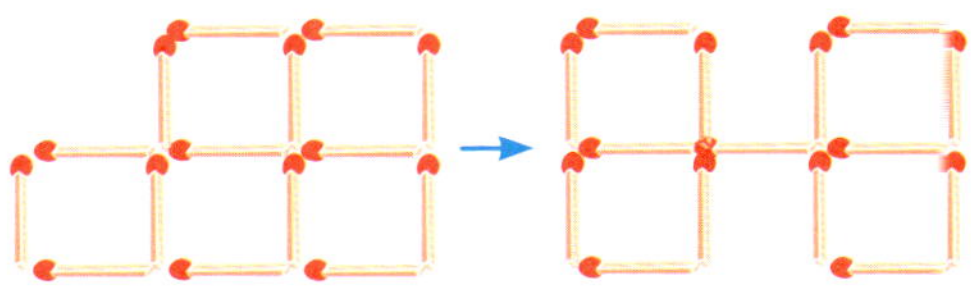

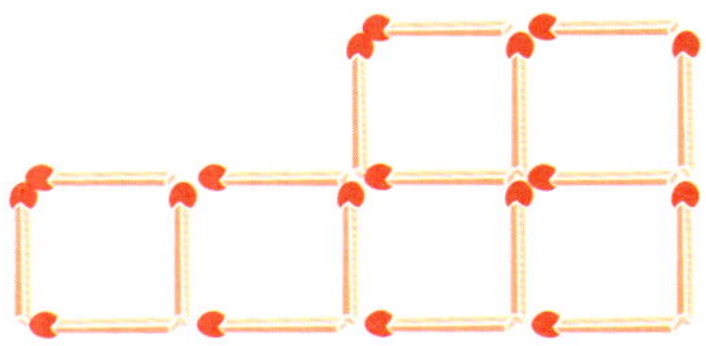

31

01 아래의 숫자카드 사이에 일곱 개의 덧셈 기호(+)를 써넣어 99가 되게 하시오. 숫자카드는 13, 57과 같이 붙여 쓸 수 있으나 숫자카드의 순서는 바꿀 수 없습니다.

1	3	5	7	9	2	4	6	8

02 77을 안내된 학습과 같은 방법으로 한 자리의 수를 만드시오. 그리고 곱한 횟수도 구하시오.

안내된 학습

- $36 = 3 \times 6 = 18 = 1 \times 8 = 8 \quad \Rightarrow \quad 36(2)$
  ☞ 한 자리의 수는 8이고, 곱한 횟수는 2회입니다.
- $49 = 4 \times 9 = 36 = 3 \times 6 = 18 = 1 \times 8 = 8 \quad \Rightarrow \quad 49(3)$
  ☞ 한 자리의 수는 8이고, 곱한 횟수는 3회입니다.

03 같은 간격으로 배열되어 있는 점들이 9개 있습니다. 세 점을 연결하여 4종류의 직각삼각형을 만드시오.

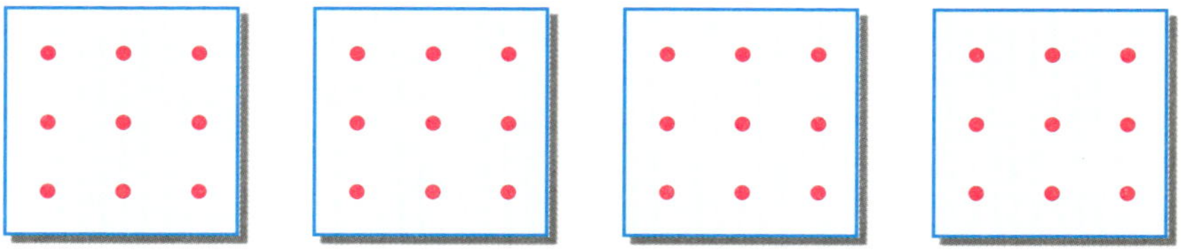

04 한 변의 길이가 2cm인 정삼각형 모양의 색종이를 아래와 같이 겹치게 붙였습니다. 10장의 색종이를 붙이면 둘레의 길이는 몇 cm입니까?

안내된 학습

- 삼각형 2개 : $(2 \times 3) \times 2 - 3 \times (2 - 1) = 9$
- 삼각형 3개 : $(2 \times 3) \times 3 - 3 \times (3 - 1) = 12$
- 삼각형 6개 : $(2 \times 3) \times 6 - 3 \times (6 - 1) = 21$

05 성냥개비 3개를 옮겨 크기가 같은 정사각형 5개로 만드시오. 단, 성냥개비를 빼어버리면 안 됩니다.

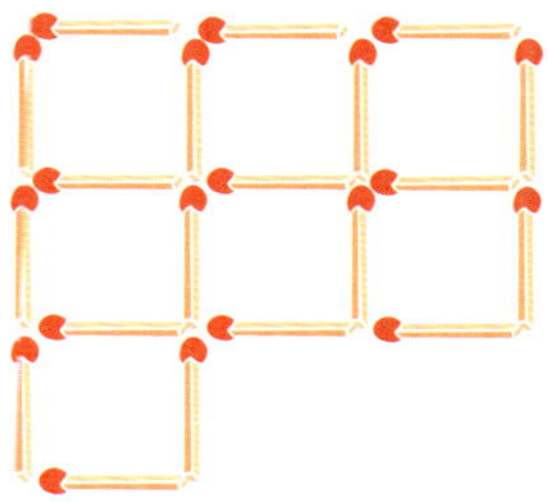

06 아래의 그림에 이웃하고 있는 면과 같은 색이 되지 않게 색칠하려고 합니다. 각각의 그림은 최소 몇 개의 색이 필요합니까?

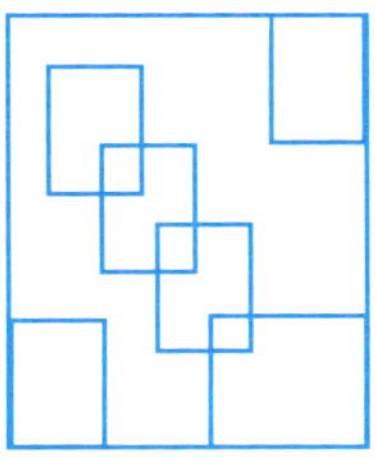

그림 ①

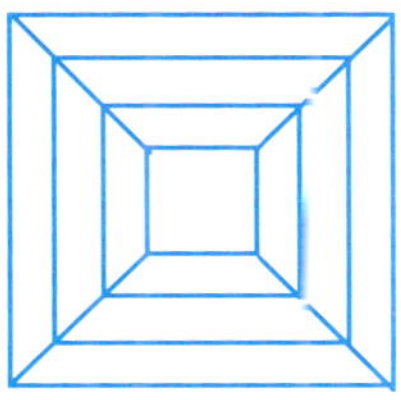

그림 ②

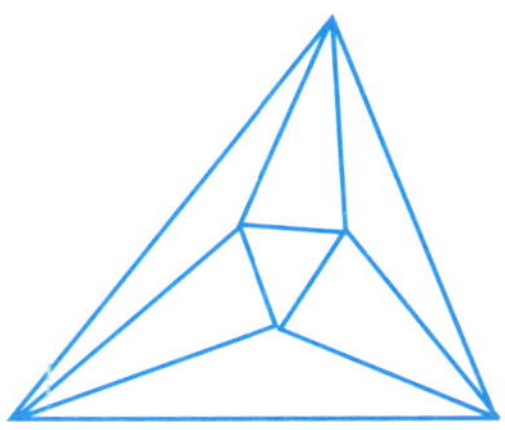

그림 ③

32

01 숫자 4를 4번 사용하여 아래의 표를 완성하시오.

0	$4-4+4-4=0$	5	$(4+4\times4)\div4=5$
1	$44\div44=1$	6	$(4+4)\div4+4=6$
2		7	
3		8	
4		9	

02 나는 다섯 자리의 수이고, 8과 9로 나누어떨어집니다. 그런데 나는 2개의 숫자를 잃어버렸습니다. 잃어버린 두 개의 숫자를 찾으시오.

	5	7	9	

안내된 학습

- 8로 나누어떨어지는 수 : 백 이하의 세 자리의 수가 8로 나누어떨어지는 수

  예) 752336은 8의 배수 ← $336\div8=42$
- 9로 나누어떨어지는 수 : 각 자리의 숫자의 합이 9로 나누어떨어지는 수

  예) 7893은 9의 배수 ← $7+8+9+3=27$, $27\div9=3$

03 명호는 어떤 수에서 3을 빼면 13이 된다고 하고, 기훈이는 어떤 수에서 3을 빼면 30이 된다고 합니다. 두 사람이 서로 옳다고 주장을 하는데 두 사람의 이야기를 만족하는 수는 무엇입니까?

04 세 명의 손님이 문방구에 왔는데 세 사람 모두 10000원짜리 지폐를 가지고 왔습니다. 세 사람이 산 물건의 값은 A는 4430원, B는 7840원, C는 2680원이었습니다. 문방구 주인이 거스름돈을 주려고 금고를 열어보니 5000원짜리 지폐 2장, 1000원짜리 지폐 1장, 500원짜리 동전 7개, 100원짜리 동전 9개, 10원짜리 동전 15개가 있었습니다. 그러면 문방구 주인은 어떤 방법으로 세 사람에게 거스름돈을 주었는지 아래의 표를 완성하시오.

		A	B	C	합 계
물건 값		4430	7840	2680	
거스름돈의 개수	5000원				2
	1000원				1
	500원				7
	100원				9
	10원				15
거스름돈		5570	2160	7320	

05 성냥개비 4개를 옮겨 정삼각형 4개로 만드시오. 단, 정삼각형의 크기는 서로 같지 않아도 됩니다.

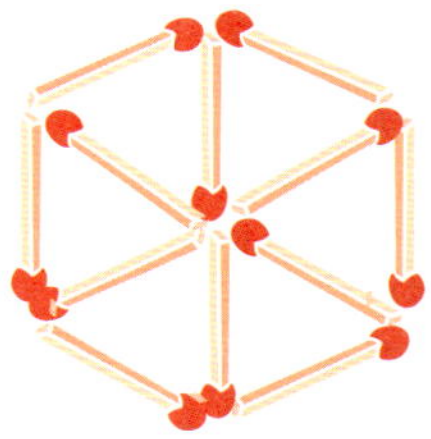

06 오른쪽의 그림에 이웃하고 있는 면과 같은 색이 되지 않게 색칠하려면 최소 몇 가지 색이 필요합니까?

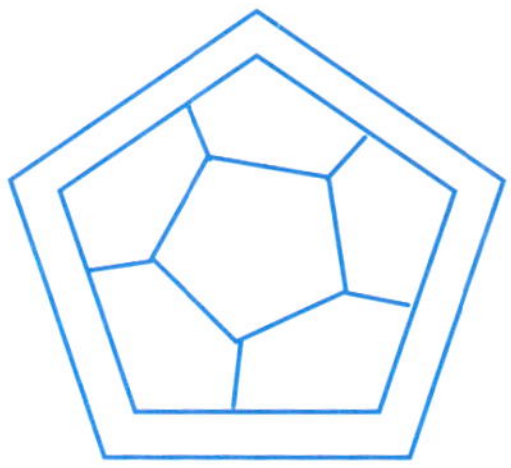

33

01 '2332', '55555', '12321'과 같이 앞에서부터 읽으나 뒤에서부터 읽으나 똑같은 수를 거울수(Palindromic Number, 팰린드롬 수)라고 합니다.
거울수는 안내된 학습과 같이 거꾸로 더하여 만듭니다. 254를 거울수로 만드시오.

안내된 학습

38을 거울수로 만들면 121, 28을 거울수로 만들면 121, 578을 거울수로 만들면 4994가 됩니다.

$$\begin{array}{r} 38 \\ +\ 83 \\ \hline 121 \end{array}$$

$$\begin{array}{r} 28 \\ +\ 82 \\ \hline 110 \\ +\ 011 \\ \hline 121 \end{array}$$

$$\begin{array}{r} 578 \\ +\ 875 \\ \hline 1453 \\ +\ 3541 \\ \hline 4994 \end{array}$$

02 여섯 종류의 그림을 규칙적으로 배열했습니다. 빈칸에 알맞은 그림을 그려보시오.

♡	♡	♥	♡	♥	♤
♡	♥	♤	♠	♡	♥
♤	♠	♧	♡	♡	♥
♡	♥	♤	♡	♥	♤
♠	♡	♥	♤	♠	

03 1~9의 숫자를 한 번만 사용하여 $\frac{1}{2}$인 분수를 세 개 만들려고 합니다. 빈칸에 알맞은 분수를 써넣으시오.

$\frac{3}{6}$, $\frac{9}{18}$, ☐

04 성냥개비 3개를 옮겨 크기가 같은 정사각형 7개를 만드시오.

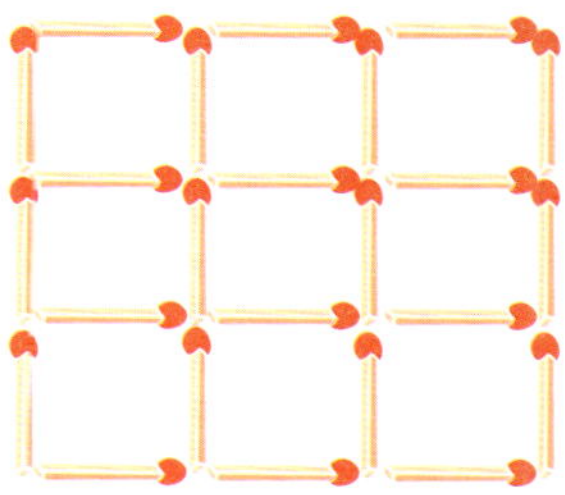

05 아래의 그림에 이웃하고 있는 면과 같은 색이 되지 않게 색칠하려고 합니다. 최소 몇 가지의 색이 필요합니까?

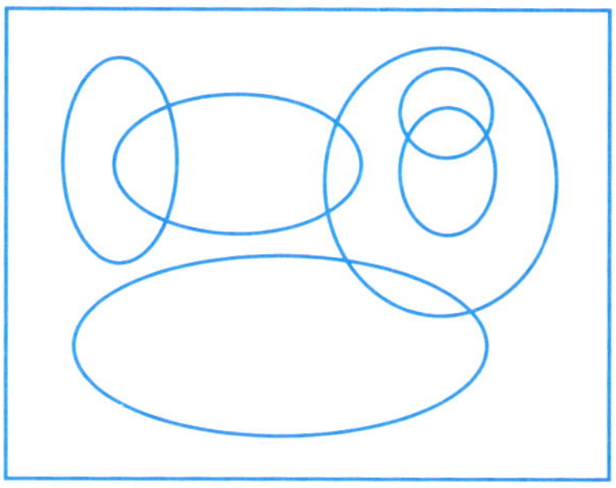

그림 ①

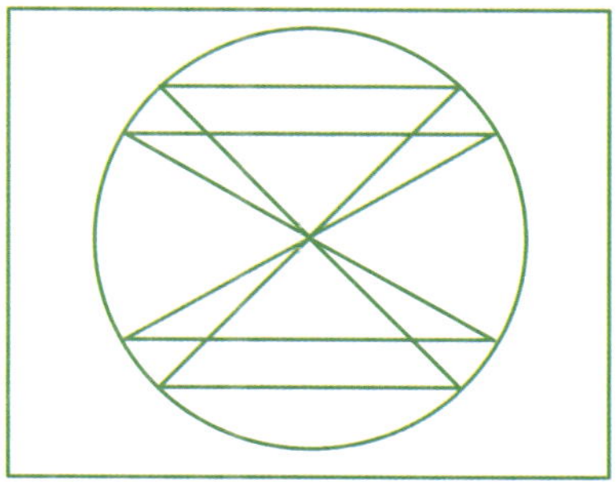

그림 ②

06 숫자카드와 수학기호 카드가 있습니다. 두 장의 숫자카드를 움직여 계산결과가 54인 수를 만들어 보시오.

6	+	6	=	5	4

34

01 다음 곱셈식에서 곱하는 두 수는 거울수입니다. 이 두 수의 곱셈을 전자계산기로 해결하고, 계산 결과가 거울수인지 확인하시오.

1) 1001 × 121

2) 1001 × 1221

3) 1001 × 12221

4) 1001 × 122221

02 아래의 그림에서 각각의 동물은 숫자를 나타냅니다. 물음표(?)에 알맞은 수를 써넣으시오.

03 10개의 열쇠를 이용하여 방 표시가 없는 10개의 방문을 열려고 합니다. 각각의 방문을 여는데 최대 몇 번 열쇠를 사용해야 합니까?

안내된 학습

- 맨 처음에 첫 번째 방문을 여는 데 최대 10개의 열쇠를 사용해야 하고, 첫 번째 열쇠를 찾았으면 두 번째 방문을 여는데 최대 9개의 열쇠를 사용해야 합니다.

04 아래의 그림과 같은 방법으로 한 가닥의 끈을 반으로 접고 다시 반으로 접는 방법을 계속한 후 한 가운데를 잘랐습니다. 그러면 세 번 접은 후 한 가운데를 자르면 몇 도막이 됩니까?

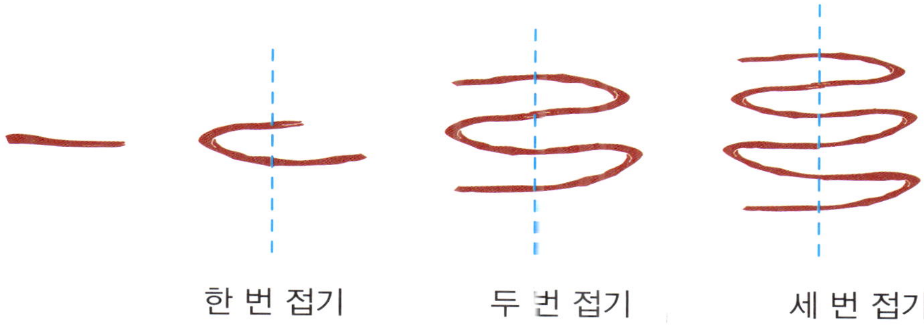

05 아래의 그림에 이웃하고 있는 면과 같은 색이 되지 않게 색칠하려고 합니다. 최소 몇 가지의 색이 필요합니까?

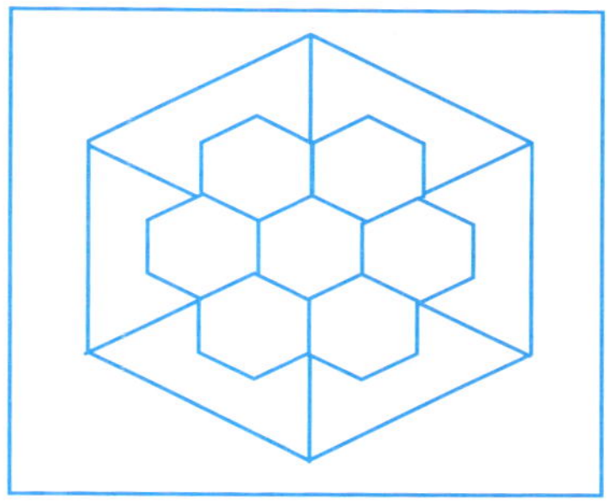

06 그림 ①의 ①, ②를 회전시켜 그림 ②와 같이 만들려고 합니다. ①, ②를 어느 방향으로 몇 도 회전해야 합니까?

그림 ①

그림 ②

35

01 다음 곱셈식을 전자계산기로 계산하고, 공통점을 찾아보시오.

1) 16 x 17

2) 77 x 78

3) 538 x 539

4) 77 x 78 x 79

02 오른쪽 그림에서 각각의 그림은 같은 숫자를 나타냅니다. 각각의 그림을 숫자로 나타내시오.

( ) ( ) ( ) ( ) ( )

03 $a + \frac{a}{b} = a \times \frac{a}{b}$에서 등식이 성립하려면 b는 어떤 조건이어야 합니까?

안내된 학습

- $(3, \frac{3}{2}) \Rightarrow 3 \times \frac{3}{2} = 3 + \frac{3}{2}$
- $(4, \frac{4}{3}) \Rightarrow 4 \times \frac{4}{3} = 4 + \frac{4}{3}$

04 프라이팬을 이용하여 빈대떡의 앞면과 뒷면을 부치려고 합니다. 프라이팬에는 최대 2장의 빈대떡을 올려놓을 수 있으며 한 면을 굽는 데 걸리는 시간은 1분입니다. 3장의 빈대떡을 굽는 데 최소 몇 분이 걸리겠습니까?

05 로봇에 다음과 같은 프로그램을 입력했습니다. 처음에는 위로 한 칸, 두 번째는 두 칸, 세 번째는 세 칸, 네 번째는 네 칸,……을 직선으로 움직이며 주어진 거리만큼 간 후 항상 오른쪽으로 90도 회전하는 것을 규칙적으로 반복하게 했습니다. 아래의 그림을 참고하여 물음에 답하시오.

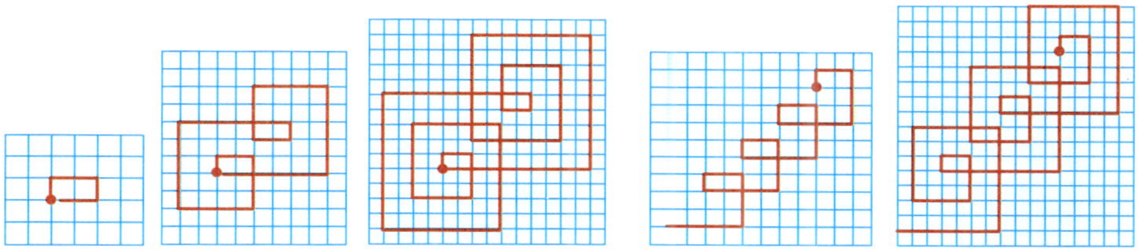

로봇1 로봇2 로봇3 로봇4 로봇5

1) 로봇1은 반복되는 규칙에서 마지막에 두 칸을 움직인 후 2회 반복하여 출발점으로 돌아옵니다. 로봇2는 마지막에 몇 칸을 움직인 후 몇 회 반복하여 출발점으로 돌아오는지 아래 표를 완성하여 알아보시오.

	로봇1	로봇2	로봇3
로봇이 마지막에 움직인 칸의 수	2		10
출발점으로 돌아오는데 반복한 횟수	2		2

2) 로봇1, 2, 3이 마지막에 움직인 칸의 수의 공통점은 무엇입니까?

3) 로봇1, 2, 3이 출발점으로 돌아오는데 반복한 횟수의 공통점은 무엇입니까?

4) 로봇4는 마지막으로 네 칸을 움직인 후 규칙을 반복하였으나 출발점으로 돌아오지 못했습니다. 그리고 로봇5도 출발점으로 돌아오지 못했습니다. 로봇5는 몇 칸을 움직인 후 규칙을 반복했습니까?

5) 마지막으로 움직인 칸의 수가 4의 배수이면 출발점으로 돌아올 수 있습니까?

36

01 1~9의 숫자가 모두 들어있는 두 수의 곱을 전자계산기로 계산했습니다. 계산한 결과의 공통점을 말하시오.

1) 123456789 × 538721694 = 66508850505880566

2) 123456789 × 571892643 = 70678352525387607

02 아래의 그림에서 각각의 그림은 같은 숫자를 나타냅니다. 그림을 숫자로 나타내시오.

안내된 학습

- ②, ③에서 그림의 합이 11, 10이고, 나무인형과 종이 각각 3개 있으므로 나무인형 한 개와 종 한 개는 1 또는 2입니다.
- ①에서 그림의 합이 22이므로 종은 짝수입니다.

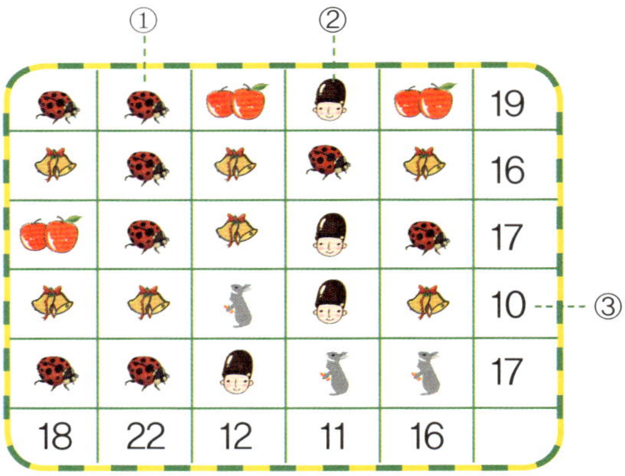

03 아빠, 엄마, 아기돼지가 1200g의 꿀꿀이죽을 함께 먹으려고 합니다. 1200g의 꿀꿀이죽을 아빠돼지 혼자 먹는 데 걸리는 시간은 10분, 엄마돼지 혼자 먹는 데 걸리는 시간은 12분, 아기돼지는 혼자 먹는데 걸리는 시간은 15분이 걸립니다. 그러면 세 마리의 돼지가 1200g의 꿀꿀이죽을 함께 먹는데 걸리는 시간은 몇 분입니까?

04 수를 아래와 같이 배열했습니다. 빈칸에 알맞은 수를 써넣으시오.

111, 213 , 141 , 516 , 171 , [ ] , 202 , 122 , ……

05 로봇에 다음과 같은 프로그램을 입력했습니다. 처음에는 위로 한 칸, 두 번째는 두 칸, 세 번째는 세 칸, 네 번째는 네 칸 ……을 직선으로 움직이며 주어진 거리만큼 간 후 항상 오른쪽으로 90도 회전하는 것을 규칙적으로 반복합니다. 아래의 그림을 참고하여 물음에 답하시오.

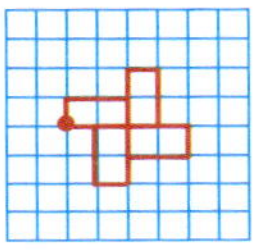

로봇1

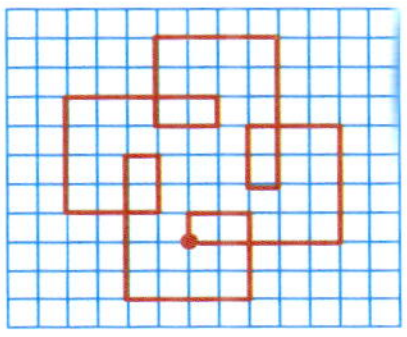

로봇2

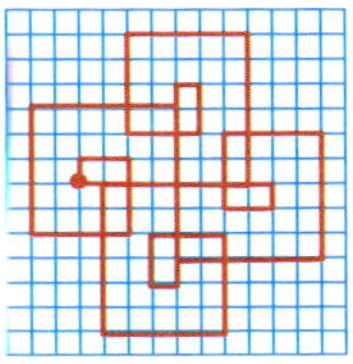

로봇3

1) 로봇1은 반복되는 규칙에서 마지막에 세 칸을 움직인 후 4회 반복하여 출발점으로 돌아옵니다. 로봇2는 마지막으로 몇 칸을 움직인 후 몇 회 반복하여 출발점으로 돌아오는지 표를 완성하시오?

	로봇1	로봇2	로봇3
로봇이 마지막에 움직인 칸의 수	3		7
출발점으로 돌아오는데 반복한 횟수	4		4

2) 로봇이 마지막에 움직인 칸의 수의 공통점은 무엇입니까?

3) 로봇1, 로봇2, 로봇3이 출발점으로 돌아오는데 반복한 횟수의 공통점은 무엇입니까?

4) 처음에는 위로 한 칸, 두 번째는 두 칸, 세 번째는 세 칸, ……, 아홉 번째는 아홉 칸을 직선으로 움직이고, 주어진 거리만큼 간 후 항상 오른쪽으로 90도 회전합니다. 이와 같은 규칙으로 계속 반복하면 출발점으로 돌아올 수 있습니까?
또, 처음으로 돌아온다면 몇 번 반복한 후 출발점으로 돌아옵니까?

37

01 다음 문제를 전자계산기로 해결하고, 공통점을 찾아보시오.

1) 7 × 7 × 7

2) 11 × 11 × 11

3) 101 × 101 × 101

4) 111 × 111 × 111

02 아래의 그림에서 규칙을 찾아 마지막 그림의 빈칸에 알맞은 수를 써넣으시오.

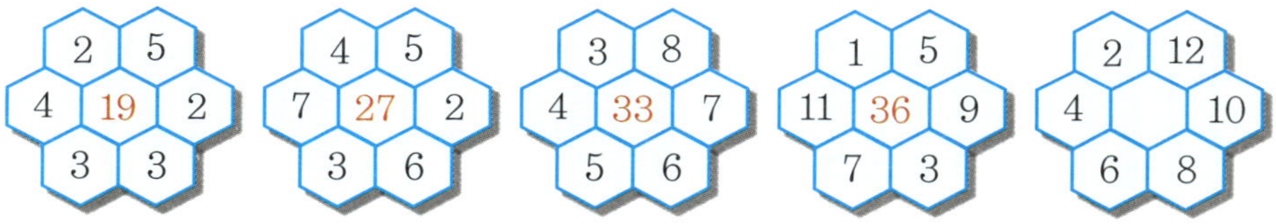

03 210g의 설탕이 있습니다. 20g짜리 저울추 하나와 윗접시저울을 두 번 사용하여 75g을 덜어내는 방법을 그림으로 나타냈습니다. 그림을 보고 210g중에서 75g을 덜어내는 방법을 설명하시오. 그리고 빈 칸에 알맞은 수를 써넣으시오.

04 안내된 학습은 2의 배수의 일의 자리의 수를 직선으로 연결한 것입니다. 안내된 학습을 참고하여 1, 3, 4, 5, 6, 7, 8, 9의 배수의 일의 자리의 수를 선으로 연결하시오.

안내된 학습

- 2의 배수의 일의 자리의 수

  2, 4, 6, 8, 10, 12, 14, 16, 18, 20, 22, ······

  ☞ 반복되는 수 : 2, 4, 6, 8, 0

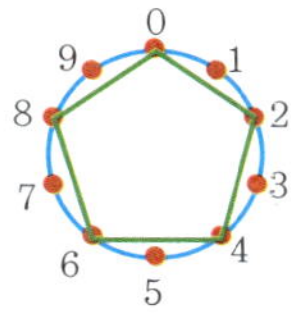

1의 배수 3의 배수 4의 배수 5의 배수

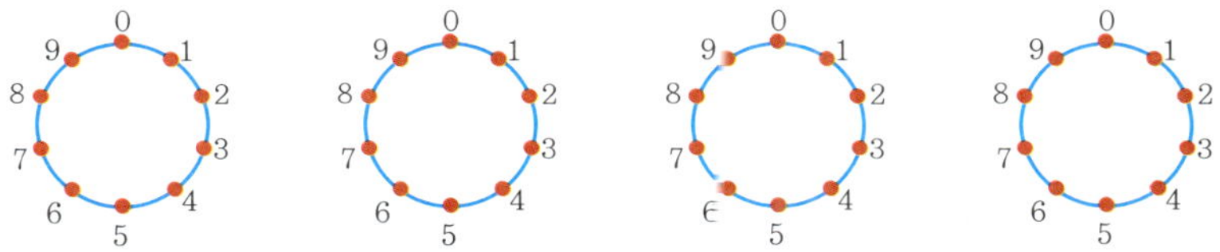

6의 배수 7의 배수 8의 배수 9의 배수

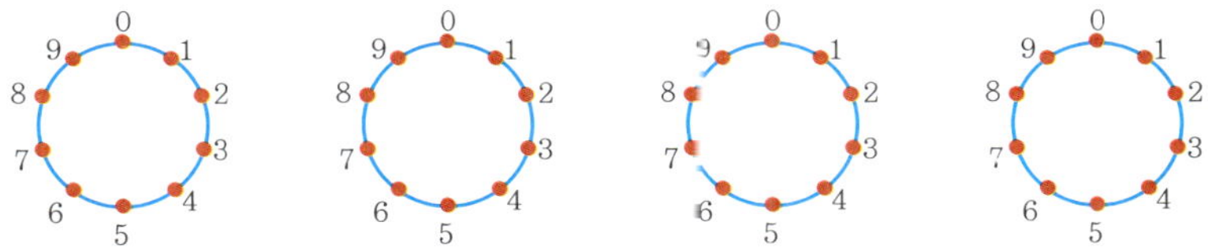

05 성냥개비 2개를 움직여 정삼각형 4개로 만드시오. 단, 크기는 고려하지 않습니다.

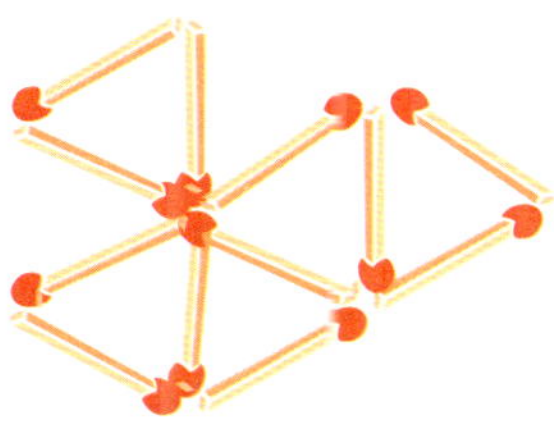

38

01 다음을 계산하시오.

1) 17 x 19　　　　2) 167 x 199

3) 1667 x 1999　　　　4) 16667 x 19999

02 안내된 학습과 같이 나라의 이름을 숫자를 이용하여 나타냈습니다. 대한민국을 숫자로 나타내시오.

대한민국 = ☐

ㄱ = 1, ㄴ = 10, ㄷ = 11, ㄹ = 100, ㅁ = 101, ㅂ = 110, ㅅ = 111, ㅇ = 1000, ㅈ = 1001, ㅊ = 1010, ㅋ = 1011, ㅍ = 1100, ㅌ = 1101, ㅎ = 1110
ㅏ = 2, ㅑ = 20, ㅓ = 21, ㅕ = 200, ㅗ = 201, ㅛ = 210, ㅜ = 211, ㅠ = 2000, ㅡ = 2001, ㅣ = 2010

안내된 학습

- 가나 = ㄱ + ㅏ + ㄴ + ㅏ → 1 + 2 + 10 + 2 = 12102
- 미국 = ㅁ + ㅣ + ㄱ + ㅜ + ㄱ → 101 + 2010 + 1 + 211 + 1 = 101201012111

03 100그루의 가로수가 일정한 간격으로 있습니다. 가로수를 관리하는 진호가 첫 번째 나무에서 다섯 번째 나무까지 가는 데 4분이 걸렸습니다. 첫 번째 나무에서 100번째 나무까지 가는 데 걸리는 시간을 구하시오.

04 길이가 같은 성냥개비 12개를 이용하여 정삼각형 4개로 이루어진 도형을 만들었습니다. 성냥개비 2개를 움직여 정삼각형 3개로 만드시오. 단, 크기는 고려하지 않습니다.

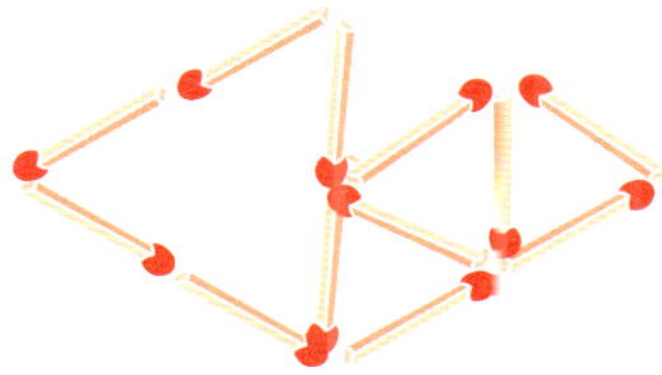

05 오른쪽의 마방진에 1에서 25의 숫자를 써넣어 가로, 세로, 대각선의 숫자의 합이 같게 하시오.

① 1을 첫째 줄의 가운데에 써 넣습니다
② 2, 3을 대각선 방향 위쪽으로 써 넣습니다.
③ A면의 2와 B면의 3을 C면의 자리로 옮깁니다.
④ 3 아래에 4를 쓰고 대각선 방향으로 5, 6을 써 넣습니다.
⑤ 6 아래에 7을 쓰고 대각선 방향으로 8, 9를 써 넣습니다.
⑥ B면의 9와 D면의 8을 C면의 자리로 옮깁니다.
⑦ C면에 모든 수가 있으면 완성된 것입니다.

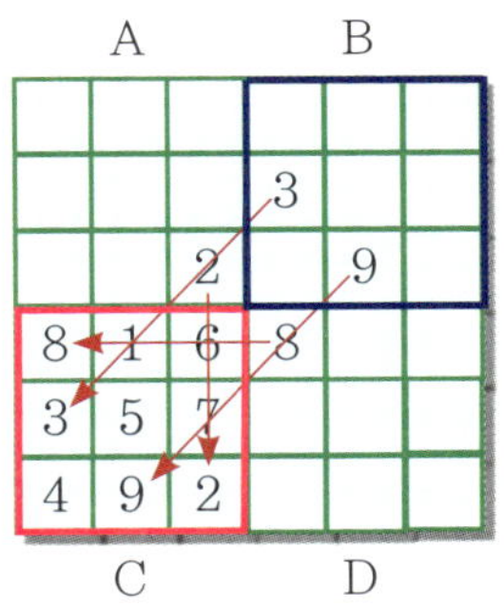

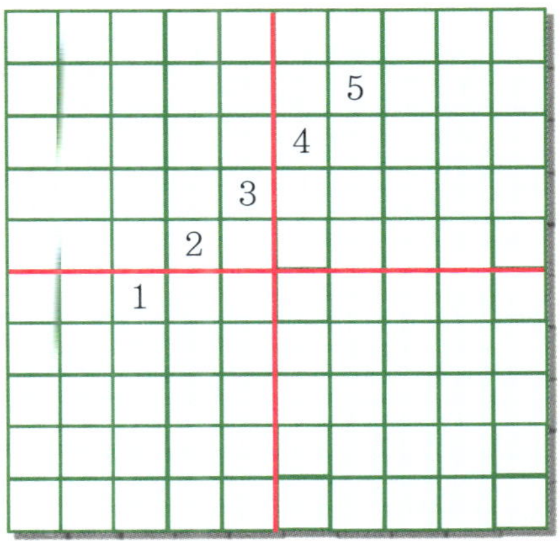

39

01 아래의 표에서 각각의 수는 거울수입니다. 이 표의 가로, 세로, 대각선의 세 수의 합을 구하시오.

212	767	656
989	545	101
434	323	878

〈표 1〉

636	181	818
727	545	363
272	909	454

〈표 2〉

02 아래의 계산 결과를 비교하시오.

```
 12345
 1234
 123
 12
+1
──────
 [    ]
```

```
 54321
  4321
   321
    21
+    1
──────
 [    ]
```

03 형과 동생이 100m 달리기를 하였습니다. 첫 번째 경기에서 형이 3m 차이로 먼저 결승선에 들어왔습니다. 그래서 이번에는 형이 출발선보다 3m 뒤에서 출발하기로 하였습니다. 그렇다면 두 번째 달리기에서 이긴 사람은 누구입니까? 단, 두 번째 달리기의 빠르기는 처음과 같습니다.

04 왼쪽의 3조각의 그림을 오른쪽의 모눈종이에 배치하여 공룡 모양을 만드시오.

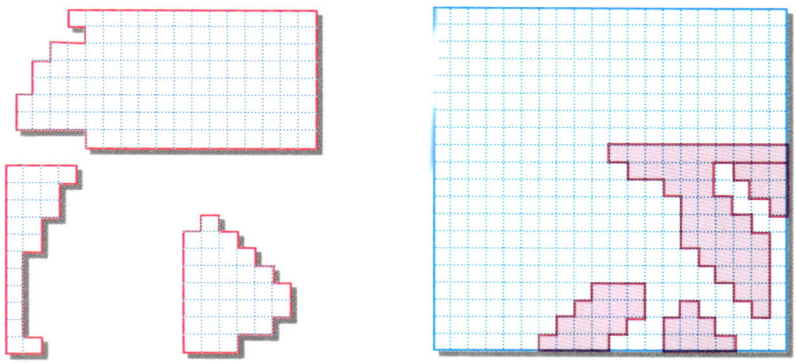

05 빛은 곧게 나가는 성질이 있고, 빛의 들어온 각(입사각)과 빛이 나간 각(반사각)의 크기는 같습니다. 따라서 직각이등변 삼각형 모양의 거울의 빗변에 수직으로 들어온 빛은 수직으로 꺾입니다. 이런 빛의 성질을 이용하여 토끼에게 희망의 빛을 주려고 합니다. 빛이 나아가는 길을 표시하시오.

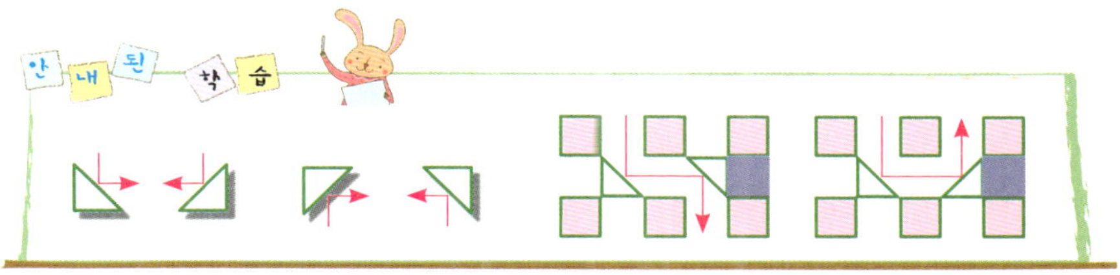

40

01 그림 ①과 같은 수막대1, 2, 3을 그림 ②에 가로 방향이나 세로 방향으로 배치하여 그 합이 모눈종이 둘레의 수와 같게 하면 그림 ③과 같이 됩니다. 안내된 학습을 참고하여 그림 ①의 수막대를 그림 ④에 배치하시오.

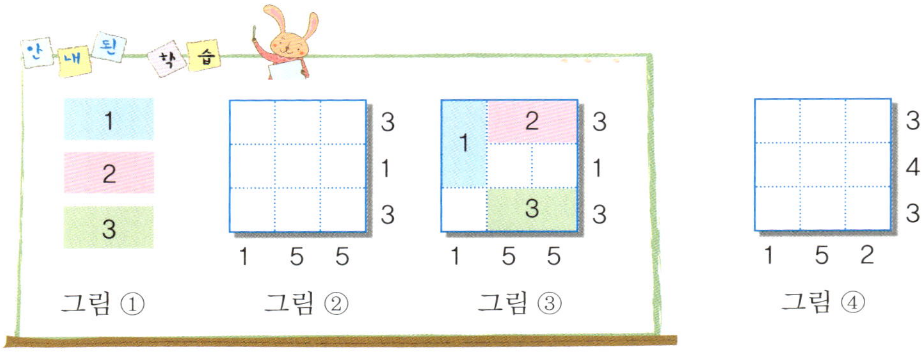

02 세 종류의 색종이가 각각 2장씩 있습니다. 이 색종이를 아래의 규칙에 맞게 배열하려고 합니다. 빈 색종이에 문자로 나타내시오.

- 빨간색(R) 색종이 사이에 다른 색의 색종이가 한 장이 있습니다.
- 파란색(B) 색종이 사이에 다른 색의 색종이가 두 장이 있습니다.
- 녹색(G) 색종이 사이에 다른 색의 색종이가 세 장이 있습니다.

03 두 장의 숫자카드 4와 ÷ (나누기), .(소수점), %(퍼센트)를 사용하여 1000인 수를 만들어 보시오.

안내된 학습

0.1, 0.2, 0.5 등과 같이 1보다 작은 소수의 표기는 .1, .2, .5와 같이 자연수 부분의 0은 생략합니다.

예) .4 ÷ .4% = 0.4 ÷ 0.004 = 100

04 그림 ①과 같은 삼각형이 있습니다. 이 삼각형을 그림 ②와 같이 아랫변과 평행하게 접고, 그림 ③과 같이 수직이 되게 종이를 접었습니다. 무엇을 알아보기 위해 이와 같은 작업을 했습니까? 각의 크기가 표시되어 있음을 참고하여 해결하시오. 단, 직사각형을 만드는 작업은 정답에서 제외합니다.

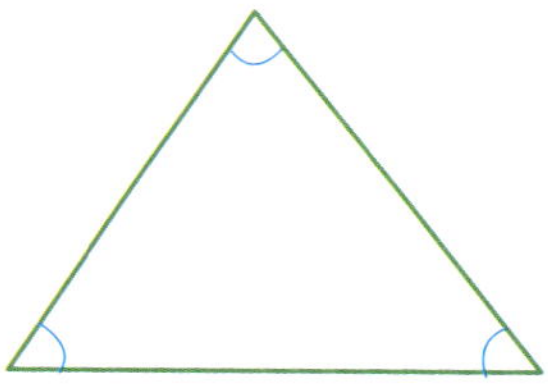
그림 ①

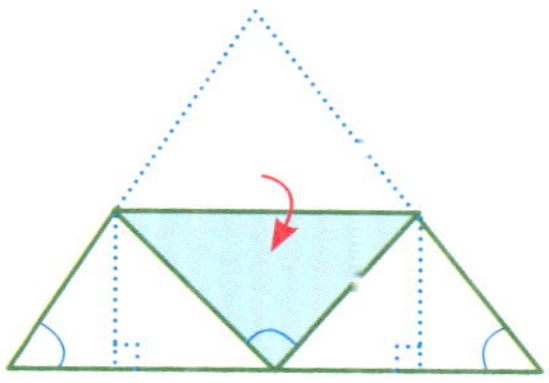
그림 ②

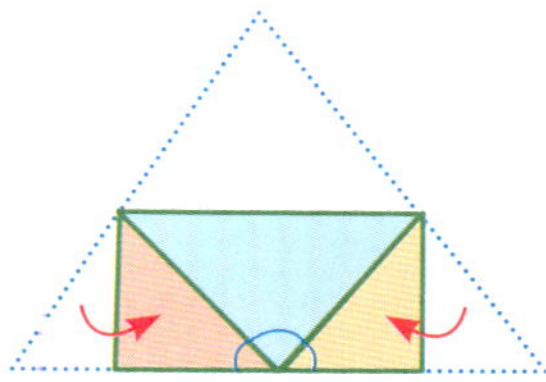
그림 ③

05 직각삼각형을 직선 위로 1회전시켰습니다. 점A가 움직인 길을 곡선으로 나타내시오.

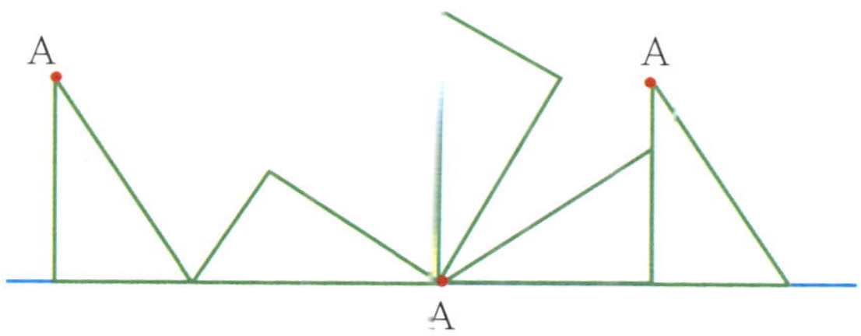

41

01 그림 ①과 같은 수막대1, 2, 3, 4를 그림 ②에 가로 방향이나 세로 방향으로 배치하여 그 합이 모눈종이 둘레의 수와 같게 하면 그림 ③과 같이 됩니다. 안내된 학습을 참고하여 그림 ①의 수막대를 그림 ④에 배치하시오.

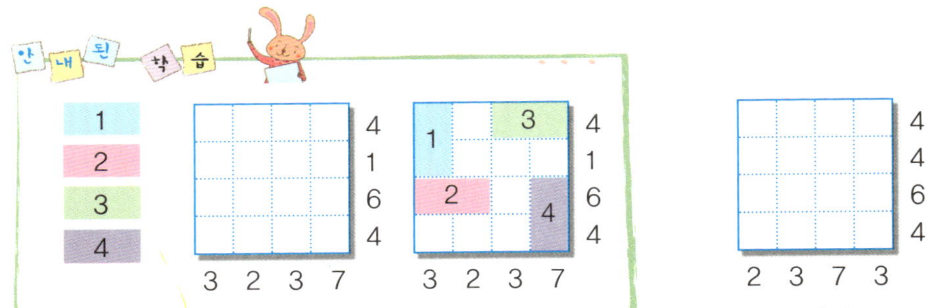

그림 ① 그림 ② 그림 ③ 그림 ④

02 네 종류의 색종이가 각각 2장씩 있습니다. 이 색종이를 아래의 규칙에 맞게 배열하려고 합니다. 빈 색종이에 문자로 나타내시오.

- 빨간색(R) 색종이 사이에 다른 색의 색종이가 한 장이 있습니다.
- 녹색(G) 색종이 사이에 다른 색의 색종이가 두 장이 있습니다.
- 파란색(B) 색종이 사이에 다른 색의 색종이가 세 장이 있습니다.
- 보라색(V) 색종이 사이에 다른 색의 색종이가 네 장이 있습니다.

03 오른쪽 그림과 같이 7개의 대나무로 이루어진 악기를 만들려고 합니다. 가장 짧은 대나무의 길이는 15cm이고, 각각의 대나무의 길이는 2cm씩 길어집니다. 길이가 30cm인 대나무를 잘라서 만든다면 쓸모없는 대나무의 길이는 모두 몇 cm입니까?

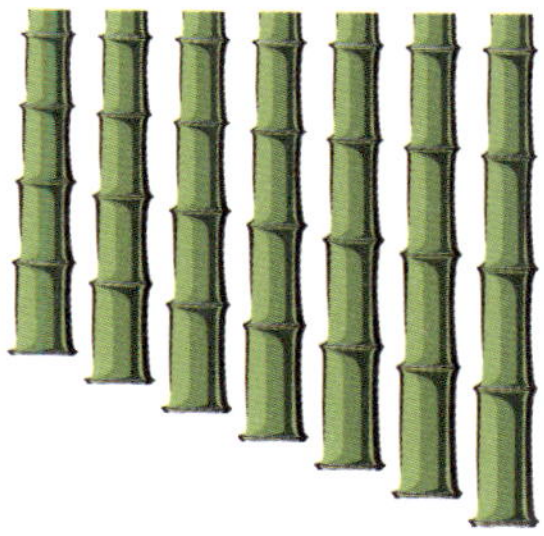

04 간격이 1cm인 점을 연결하여 그림과 같은 도형을 만들었습니다. 다음 표를 완성하시오.

도형의 종류	그림 ①	그림 ②	그림 ③	그림 ④
도형의 넓이(cm^2)	6	6	7.5	7.5
변 위에 있는 점의 개수(A)	10			
도형 내부에 있는 점의 개수(B)	2			
(A ÷ 2) + (B − 1)	6			

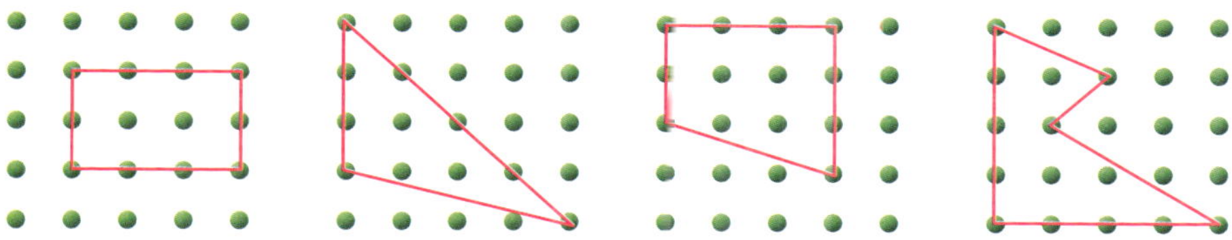

그림 ①　그림 ②　그림 ③　그림 ④

05 정삼각형을 1회전시켰습니다. 점A가 움직인 길을 곡선으로 나타내시오.

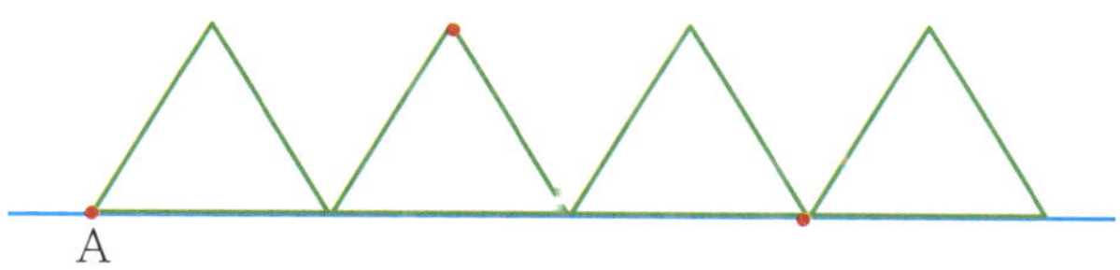

42

01 아래의 카드를 이용하여 등식이 성립하게 하시오. 카드의 순서는 바꿀 수 있으며 카드를 나란히 놓아 두 자리의 수나 세 자리의 수로 만들 수 있습니다.

[1] [3] [5] [6] [7]　　[+] [×] [=]

02 그림 ①과 같은 수막대1, 2, 3, 4, 5를 그림 ②와 같이 가로 방향이나 세로 방향으로 배치하여 그 합이 모눈종이 둘레의 수와 같게 하면 그림 ③과 같이 됩니다. 안내된 학습을 참고하여 그림 ①의 수막대를 그림 ④에 배치하시오.

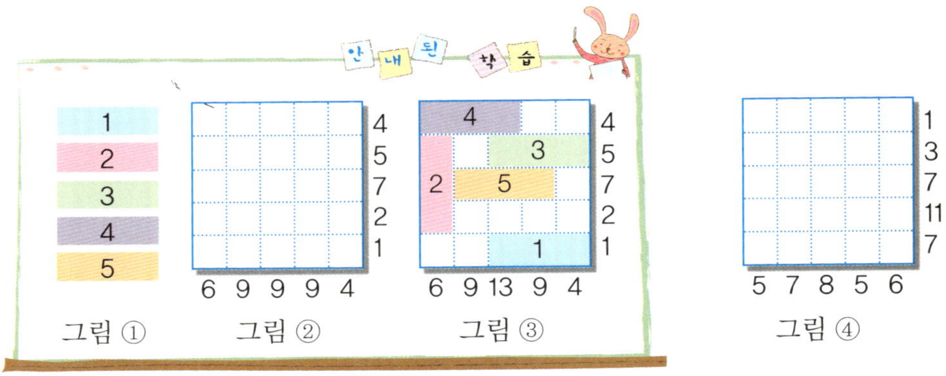

그림 ①　그림 ②　그림 ③　그림 ④

03 파스칼의 삼각형은 프랑스의 수학자 파스칼이 17세기경에 만든 것입니다. A~E의 빈칸에 알맞은 수를 써넣고, 오른쪽에 각 층의 수의 합을 써넣으시오.

1층…… 1 ………… [1]
2층…… 1 1 ………… [2]
3층…… 1 2 1 ………… [4]
4층…… 1 3 3 1 ………… [8]
5층…… 1 4 6 4 1 ………… [ ]
6층…… 1 5 10 10 5 1 ………… [ ]
7층…… 1 [ ] [A] [ ] [B] [ ] [C] [ ] [D] [ ] [E] [ ] 1 ………… [ ]

04 쇳덩이를 깎아서 장난감을 만드는 공장이 있습니다. 5㎏짜리 쇳덩이를 깎아서 1개의 장난감을 만들면 찌꺼기(쇳밥)가 1kg씩 나오는 데 이 찌꺼기를 5kg 모으면 한 개의 쇳덩이를 다시 만들 수 있습니다.
그러면 5㎏짜리 쇳덩이 50개로 몇 개의 장난감을 만들 수 있습니까?

안내된 학습

쇳덩이 25개로 만들 수 있는 장난감의 개수는 아래와 같습니다.

① 25개를 깎아서 25개의 장난감을 만듭니다. ☞ 25개

② 장난감을 만들고 남은 25kg의 쇳밥을 모아서 5kg짜리 쇳덩이 5개를 만듭니다. ☞ 25 ÷ 5 = 5개

③ 5개의 쇳덩이를 깎아서 5개의 장난감을 만듭니다. ☞ 5개

④ 장난감을 만들고 남은 5kg의 쇳찹을 이용하여 5kg짜리 쇳덩이 1개를 만듭니다. ☞ 5 ÷ 5 = 1개

⑤ 1개의 쇳덩이를 깎아서 1개의 장난감을 만듭니다. ☞ 1개

따라서 25 + 5 + 1 = 31개의 장난감을 만들 수 있습니다.

05 12개의 말뚝을 한 개의 끈으로 연결하는 방법을 그림으로 나타내시오. 단, 처음과 끝이 연결되어야 합니다.

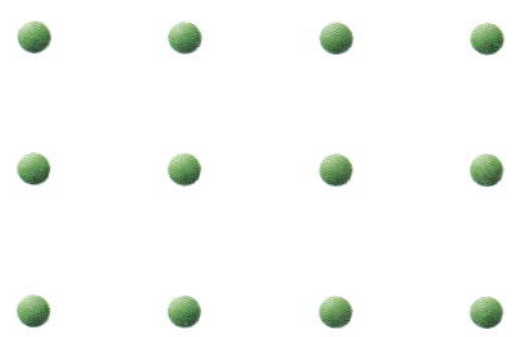

06 직사각형을 그림 ①과 같이 정사각형의 둘레에 1회전시켰습니다. 점A가 움직인 길을 그림 ②에 곡선으로 나타내시오.

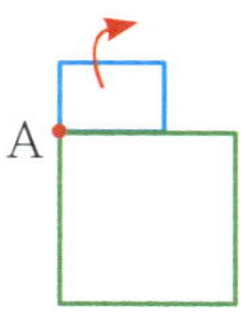

그림 ①

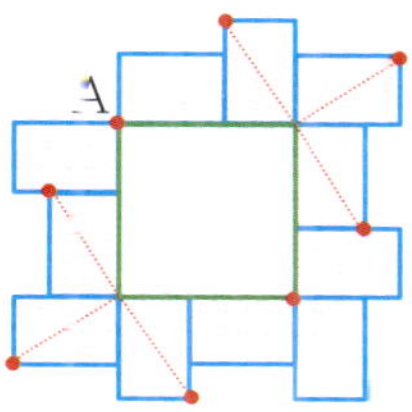

그림 ②

43

01 아래의 카드를 이용하여 등식이 성립하게 하시오. 카드의 순서는 바꿀 수 있으며 카드를 나란히 놓아 두 자리의 수나 세 자리의 수로 만들 수 있습니다.

1 2 3 5 7   + × =

02 4년제 행운대학교의 2008년도의 학생수는 학년 별 200명씩 모두 800명입니다. 이 대학교에서는 학생수를 늘릴 계획으로 2009년부터 신입생을 그 전 해보다 매년 100명씩 더 많이 모집하기로 했습니다. 아래의 표를 완성하시오.

연도 \ 학년	1학년	2학년	3학년	4학년	합 계
2008년	200	200	200	200	800
2009년	300	200	200	200	900
2010년	400	300	200	200	1100
2011년					
2012년					

03 쉬고 있거나 잠을 잘 때도 우리의 심장은 끊임없이 뛰고 있습니다. 운동할 때 안전한 심장 박동수(1분 동안의 심장 박동수)를 계산하는 방법은 220에서 자신의 나이를 뺀 수의 $\frac{3}{4}$과 같다고 합니다. 그러면 20살인 사람이 운동을 한 후 심장의 박동수가 130번이라면 이 사람의 심장 박동수는 정상입니까?

04 자동차를 1000만원에 샀는데 이 자동차의 값어치는 1년에 $\frac{1}{5}$씩 떨어진다고 합니다. 2년 후에 팔면 얼마를 받을 수 있습니까?

05 서현이는 130t이 되는 연못물을 한 시간 동안은 열심히 퍼내고 한 시간 동안은 쉬려고 합니다.
한 시간 동안 퍼내는 물의 양은 40t이고, 쉬는 동안에 10t의 물이 새어 연못으로 들어옵니다. 오전 8시에 일을 시작하면 오후 3시에는 몇 t의 물이 남아있는지 아래의 표를 완성하여 구하시오.

시 각	8	9	10	11	12	1	2	3
물의 양	130	90	100	60				

06 1g, 3g, 9g짜리 추가 각각 한 개씩 있습니다. 이 추를 이용하여 잴 수 있는 물체의 종류는 모두 몇 가지입니까?

안내된 학습

종류가 다른 물체를 모두 라고 통일하고, 1g짜리 추를 , 3g짜리 추를 , 9g짜리 추를  라고 가정합니다.

〈4g짜리 물체의 무게를 재는 방법〉 〈11g짜리 물체의 무게를 재는 방법〉

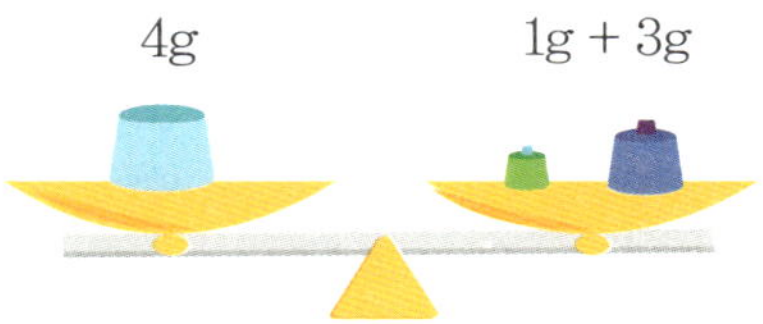

그림 ①

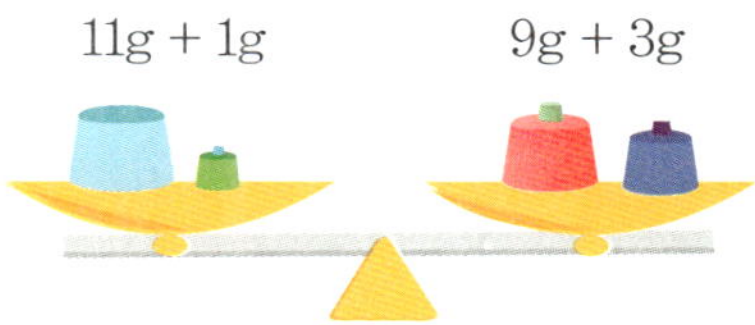

그림 ②

그림 ① : 왼쪽에 물체(4g)를 올려놓고, 오른쪽에 1g, 3g짜리 추를 올려놓습니다.
그림 ② : 왼쪽에 물체(11g)와 1g짜리 추를 올려놓고, 오른쪽에 9g, 3g짜리 추를 올려놓습니다.

44

01 아래의 카드를 이용하여 등식을 만드시오. 카드의 순서는 바꿀 수 있으며 카드를 나란히 놓아 두 자리의 수나 세 자리의 수로 만들 수 있습니다.

[1] [4] [5] [6] [7]　　[+] [×] [=]

02 아래에서 규칙을 찾아 문제를 해결하시오.

안내된 학습

1*0 = 0 , 1*1 = 1 , 2*3 = 6 , 4*2 = 8 , 5*4 = 20

2&5 = 7 , 3&4 = 7 , 4&3 = 7 , 6&1 = 7

1) 3 * (7&2) = [ ]　　　2) 5&4 * 3 = [ ]

3) [ ] & [ ] = [ ] * [ ]　(단, [ ] 안의 수는 같은 수임)

03 영호네 반에서는 장학퀴즈를 하기로 하였습니다. 문제를 맞히면 80점을 얻을 수 있고, 틀리면 50점이 감점됩니다. 영호가 푼 문제는 모두 20문제이었는데 얻은 점수는 1080점이었습니다. 영호가 맞춘 문제의 개수를 구하시오.

04 371을 안내된 학습과 같이 각 자리의 수를 세 번 곱한 수를 더한 결과는 얼마입니까?

안내된 학습

$153 = 1 \times 1 \times 1 + 5 \times 5 \times 5 + 3 \times 3 \times 3 = 153.$

05 4개의 점을 연결하면 안내된 학습과 같이 6개의 선분을 만들 수 있습니다. 5개의 점을 연결하면 몇 개의 선분을 만들 수 있습니까?

안내된 학습

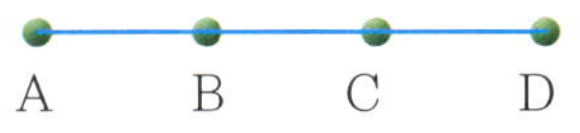

선분AB, 선분BC, 선분CD (3개)
선분AC, 선분BD (2개)
선분AD (1개)

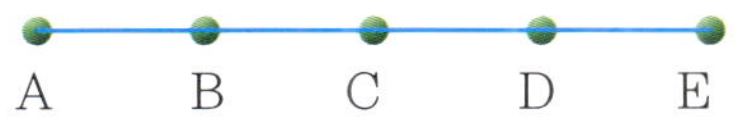

06 그림과 같은 도형의 바깥쪽에 원을 바짝 붙여 1회전시켰습니다. 원의 중심이 지나간 자리를 선으로 나타내시오.

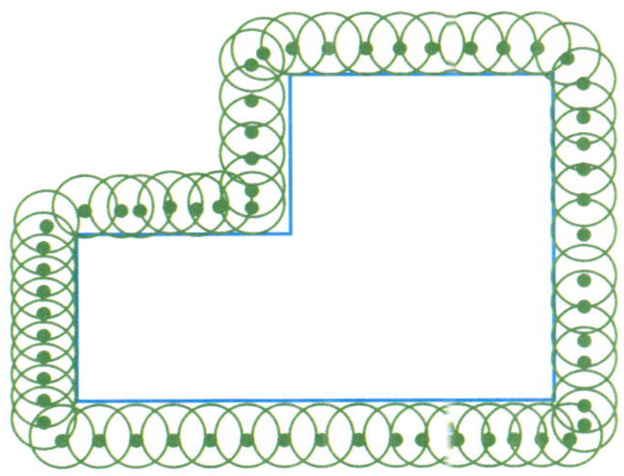

45

01 아래의 카드를 이용하여 등식이 성립하게 하시오. 카드의 순서는 바꿀 수 있으며 카드를 나란히 놓아 두 자리의 수나 세 자리의 수로 만들 수 있습니다.

[0] [1] [2] [3] [5] [6]　　[+] [×] [=]

02 아래에서 규칙을 찾아 문제를 해결하시오.

안내된 학습

2∗1 = 0, 2∗2 = 0, 3∗2 = 1, 4∗2 = 0, 1∗3 = 1

2∗3 = 2, 3∗3 = 0, 7∗5 = 2, 12∗5 = 2, 15∗6 = 3

1) (137 ∗ 6) ∗ 3 = [　　]

2) 32 ∗ [　　] = 0 에서 [　　] 안에 알맞은 수를 모두 쓰시오.

03 오른쪽 그림과 같은 삼각형이 있습니다. 이 삼각형에 두 개의 직선을 그려 넣어 삼각형 2개, 사각형 1개, 오각형 1개로 나누려고 합니다. 두 개의 직선을 그려보시오.

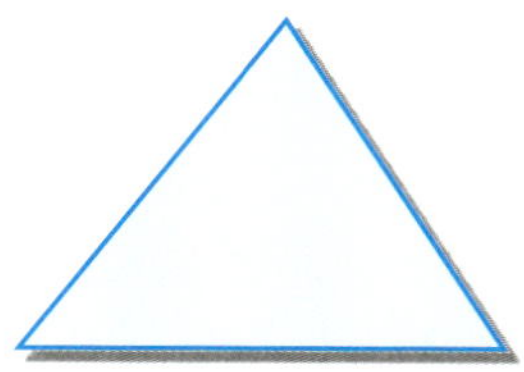

04 12개의 점을 끈으로 연결하여 아래와 같은 그림을 만들었습니다. 각 점을 연결하는 데 몇 개의 끈이 필요합니까?

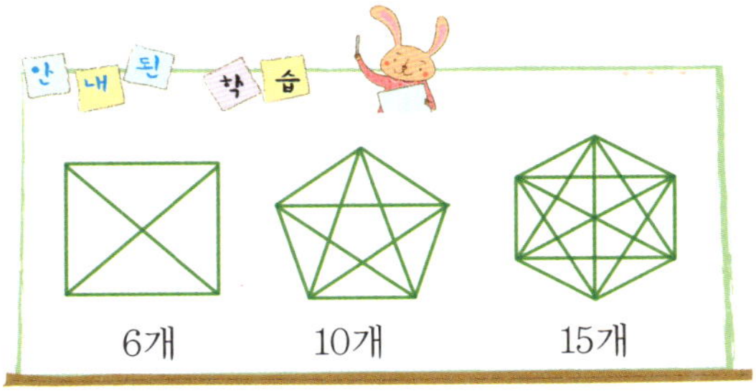

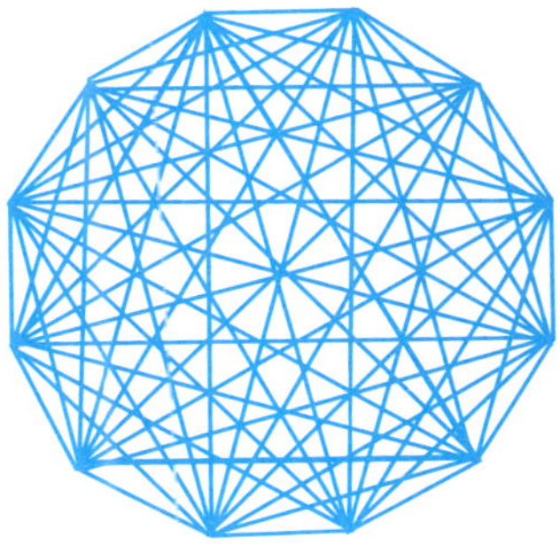

05 오른쪽의 그림과 같이 물감을 칠하고 접는 선으로 접었다 펼쳤습니다. 펼쳤을 때 물감이 묻은 곳을 완성하시오. 단, 물감은 번지지 않습니다.

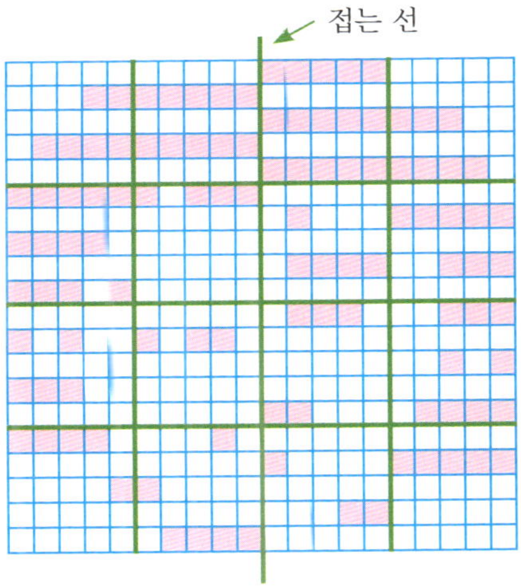

06 그림과 같이 직사각형의 바깥쪽에 원을 1회전시켰습니다. 원의 중심이 지나간 길을 선으로 나타내시오.

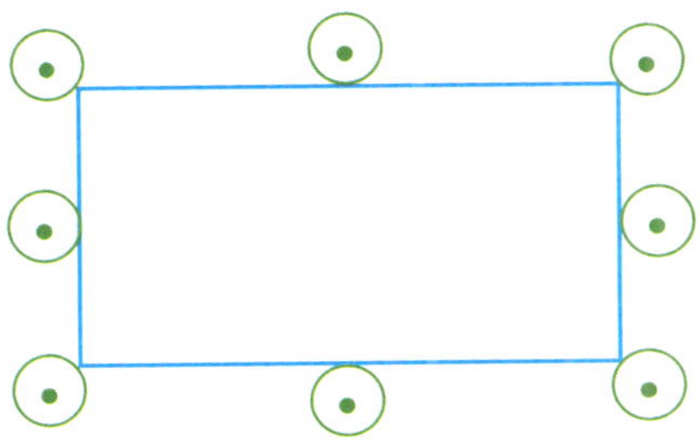

해 답

1

01

4	−	3	+	2	−	1	=	2
8	−	7	+	6	−	5	=	2

02 1) 41 ☞ 29 + 12 = 41

2) 43 ☞ 1 + 2 + 4 + 6 + 8 + 10 + 12 = 43

3)

층	1	2	3	4	5
각 층의 모든 수의 합	1	8	27	64	125
같은 수의 곱으로 나타내기	1 × 1 × 1	2 × 2 × 2	3 × 3 × 3	4 × 4 × 4	5 × 5 × 5

4) 1000 ☞ 10 × 10 × 10 = 1000

03 화요일입니다.

☞ 365 ÷ 7 = 52 …1에서 내년의 어린이날은 화요일이 됩니다.

04

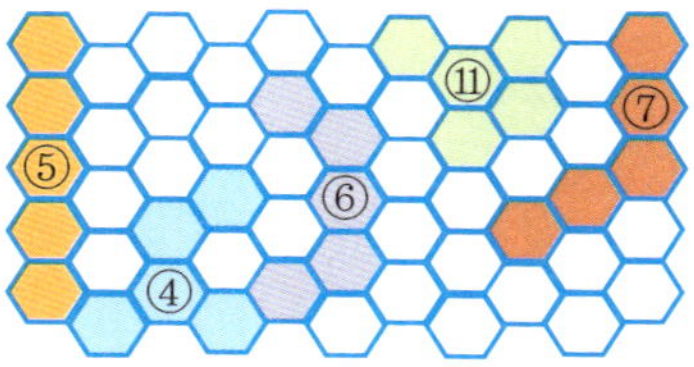

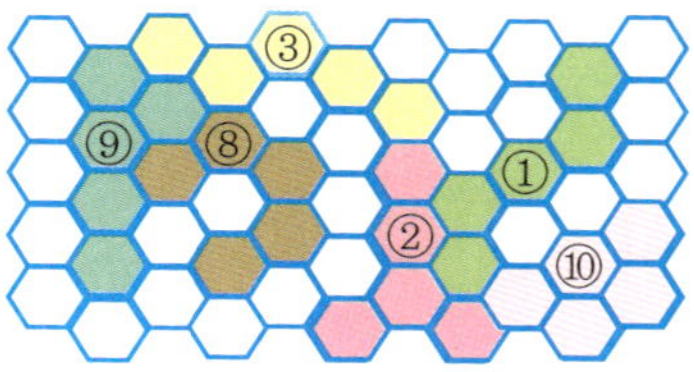

05

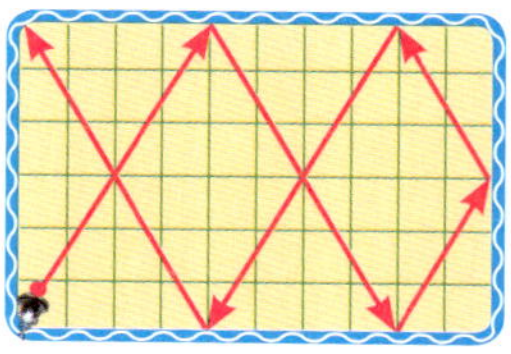

2

01 4 − 1 + 5 − 2 = 6

8 − 3 + 7 − 6 = 6

02 1) 35개 ☞ $(1 + 2 + 3 + 4 + 5) \times 2 + 5 = 35$

2) 120개 ☞ $(1 + 2 + 3 + \cdots\cdots + 10) \times 2 + 10 = 120$

03 ○ = 4 × △, □ = 6 × △

☞ 그림 ②에서 □ = ○△△, □□ = ○△△○△△

• 그림 ①의 □□를 ○△△○△△로 바꾸면 ○○○ = ○△△○△△,
○ = △△△△, ○ = 4 × △

• 그림 ②의 ○를 △로 고치면 □ = △△△△△△, □ = 6 × △

04

05

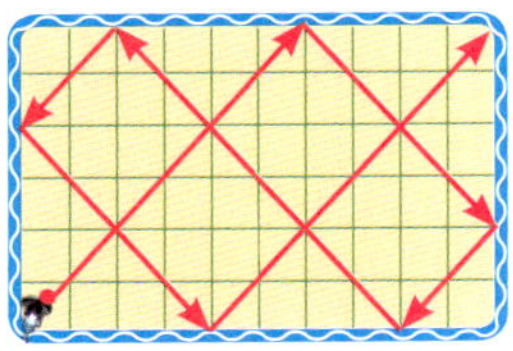

3

01 A : 6, B : 1, C : 7, D : 2, E : 8, F : 3, G : 5

02 200개

☞ 각각의 그림의 녹색 타일의 개수

- 첫 번째 그림(4 × 4) : 4 × 2 = 8
- 두 번째 그림(6 × 6) : 4 × 3 = 12
- 세 번째 그림(8 × 8) : 4 × 4 = 16
- 네 번째 그림(10 × 10) : 4 × 5 = 20
- 100 × 100 : 4 × (100 ÷ 2) = 200

03 5.6 ☞ 5와 6 사이에 소수점을 써넣어 5.6을 만듭니다.

04

05

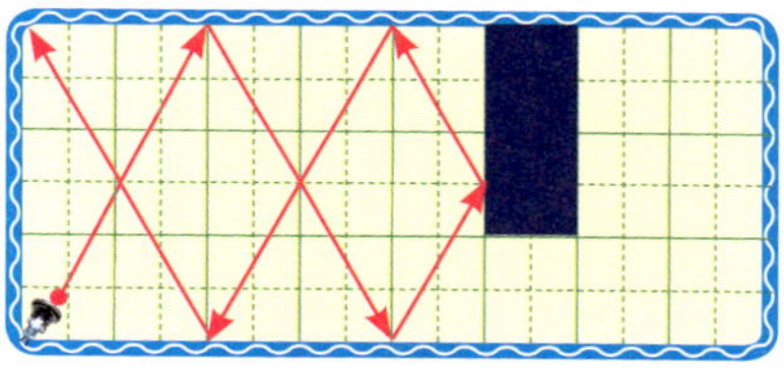

06 한 개의 동전을 가운데에 있는 동전 위에 올려놓으면 세로 줄에는 4개, 가로 줄에는 3개의 동전이 있습니다.

4

01 A : 6, B : 1, C : 5, D : 2, E : 7, F : 10, G : 8, H : 9

02 201개

☞ 각각의 그림의 검은 바둑알의 개수

- 3 × 3 : 1 + 4 × 1 = 5 ☜ (3 − 1) ÷ 2 = 1
- 5 × 5 : 1 + 4 × 2 = 9 ☜ (5 − 1) ÷ 2 = 2
- 7 × 7 : 1 + 4 × 3 = 13 ☜ (7 − 1) ÷ 2 = 3
- 9 × 9 : 1 + 4 × 4 = 19 ☜ (9 − 1) ÷ 2 = 4
- 101 × 101 : 1 + 4 × {(101 − 1) ÷ 2} = 201

03 시속 55km

☞ 28982 다음에 나타나는 숫자 중에 앞, 뒤에서 읽어도 같은 숫자는 29092입니다. (29092 − 28982) ÷ 2 = 55km

만약 29092라는 속도계를 지나쳤다면 다음의 수는 29192로 아래와 같이 조건에 맞지 않습니다. (29192 − 28982) ÷ 2 = 105km ☜ 조건에 맞지 않음.

04 1.5배

☞ 오른쪽 그림과 같이 정삼각형의 넓이는 4이고, 정육각형의 넓이는 6입니다. 따라서 정육각형의 넓이는 정삼각형의 넓이의 1.5배입니다.

05

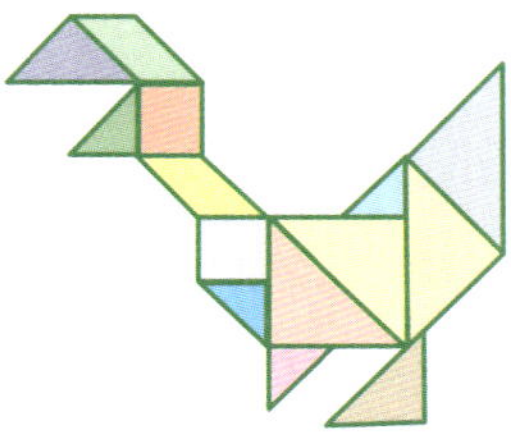

06

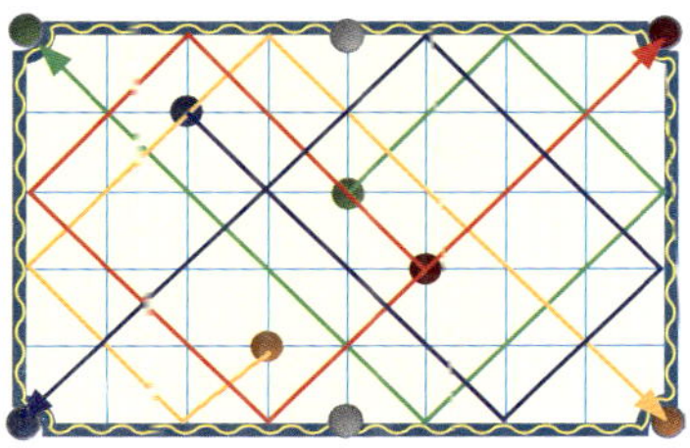

5

01 A : 5, B : 4, C : 1, D : 3, E : 7, F : 6, G : 2

02 55

☞ (1 + 3 + 5 + 7 + 9) + (1 + 2 + 3 + 4 + 5 + 5 + 4 + 3 + 2 + 1)

= 5 × 5 + 5 × 6 = 55

03 (6 + 19) − 1 = 24쪽

04

05

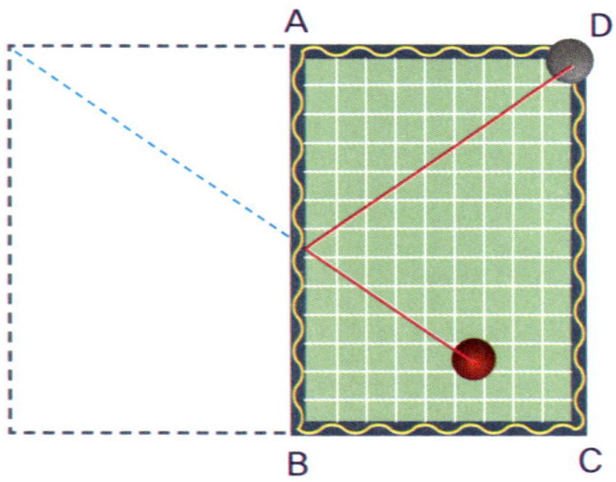

6

01 A : 1, B : 5, C : 2, D : 8, E : 6, F : 3

☞ • 7 + A ÷ 4 = 2에서 A = 1 • 4 + D − 9 = 3에서 D = 8

• B × C − D = 2에서 D = 8이므로 B × C − 8 = 2 여기에서 B와 C는 2 또는 5 7 + B ÷ E = 2에서 조건에 알맞은 B의 숫자를 구하면

1) B가 2이면 7 + 2 ÷ E = 2, 9 ÷ E = 2에서 조건에 맞지 않습니다.

2) B가 5이면 7 + 5 ÷ E = 2, 12 ÷ E = 2데서 E = 6에서 조건에 맞습니다. 따라서 B = 5, C = 2, E = 6

• E + F ÷ 9 = 1, E = 6이므로 6 + F ÷ 9 = 1, F = 3

02 6 종류

☞ 가로와 세로의 합 : 24 ÷ 2 = 12

가로와 세로의 순서쌍을 만들면, (1 , 11), (2 , 10), (3 , 9), (4 , 8), (5 , 7), (6 , 6) 따라서 6 종류의 직사각형을 만들 수 있습니다.

03

04 ▶▶ 두 번째 옮기기

				●	●	●	●	○	○	○	○	○	○	●	●				
1	2	3	4	5	6	7	8	9	10	11	12	13	14	15	16	17	18	19	20

설명 : 1, 2, 3, 4번 바둑알을 7, 8, 9, 10번 칸으로 옮긴다.

▶▶ 세 번째 옮기기

								○	○	○	○	○	○	●	●	●	●	●	●
1	2	3	4	5	6	7	8	9	10	11	12	13	14	15	16	17	18	19	20

설명 : 5, 6, 7, 8번 바둑알을 17, 18, 19, 20번 칸으로 옮긴다.

7

01 A : 9, B : 5, C : 4, D : 6, E : 2, F : 7, G : 1, H : 8

☞ • D ÷ 3 = E에서 나누어떨어지려면 3, 6, 9이지만 3은 이미 사용하였고 9는 계산 결과가 3이므로 조건에 맞지 않습니다. 따라서 D = 6, E = 2
• C × E = H에서 E = 2이고 H가 한 자리의 수이므로 C = 4, H = 8
• A − B = C에서 C = 4이고 이미 사용한 숫자인 2, 3, 4, 6, 8을 제외한 숫자 중에서 조건에 맞는 경우는 9 − 5 = 4인 경우 밖에 없습니다. 따라서 A = 9, B = 5 • F + G = H에서 H = 8이고 이미 사용한 숫자를 제외한 숫자 중에서 조건에 맞는 경우는 7과 1밖에 없습니다. 그런데 F가 G보다 큰 수이라고 했으므로 F = 7, G = 1

02 11초 ☞ 정사각형의 한 변에 있는 전광판의 개수는 6개입니다. 그러므로 전광판에 모두 불이 들어오는 데 걸리는 시간은 6 × 2 − 1 = 11초

03 두 번째 방법

☞ • 첫 번째 방법 : 10 × 1000 = 10000원
• 두 번째 방법 : 100 + 200 + 400 + 800 + 1600 + 3200 + 6400 = 12700원
• 12700 − 10000 = 2700 이므로 두 번째 방법이 2700원 이익입니다.

04

05

▶▶ 두 번째 옮기기

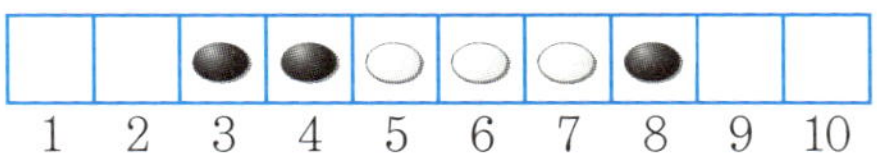

설명 : 1, 2번 바둑알을 4, 5번 칸으로 옮깁니다.

▶▶ 세 번째 옮기기

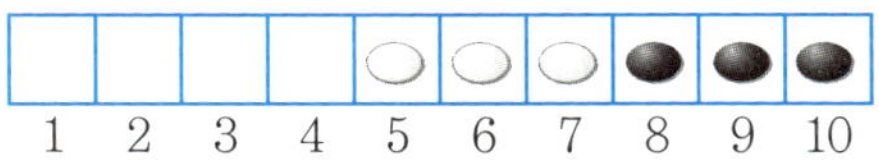

설명 : 3, 4번 바둑알을 9, 10번 칸으로 옮깁니다.

8

01 A : 7, B : 9, C : 6, D : 8, E : 5

02 A : 20mL, B : 80mL,
C : 120mL, D : 80mL,
E : 20mL

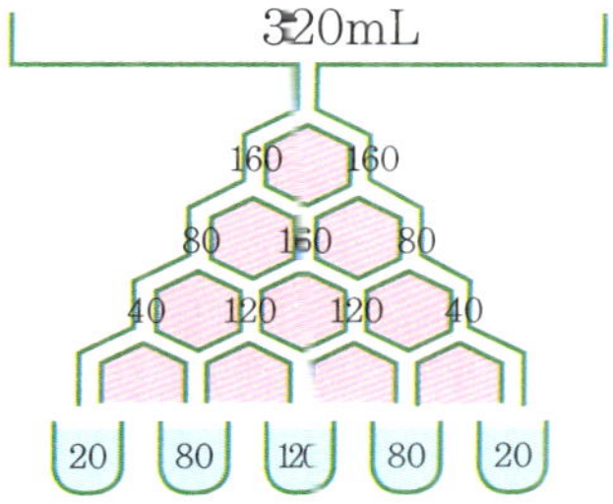

03 가로의 길이가 6이고, 세로의 길이가 3인 직사각형

04 63개

☞ $(15 \div 2) \times (6 \div 2) \times (7 \div 2) = 7.5 \times 3 \times 3.5$에서 쌓기나무의 개수는
$7 \times 3 \times 3 = 63$개

05

▶▶ 세 번째 옮기기

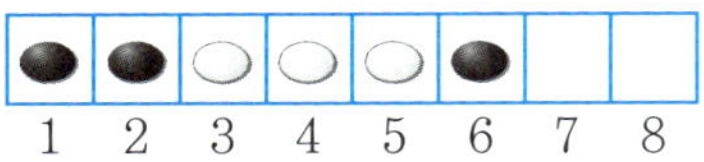

설명 : 7, 8번 바둑알을 5, 6번 칸으로 옮깁니다.

▶▶ 네 번째 옮기기

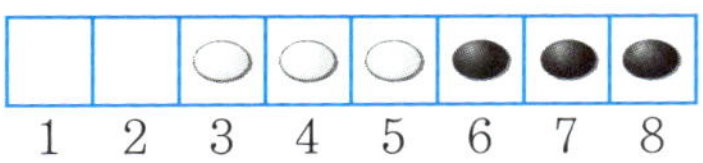

설명 : 1, 2번 바둑알을 7, 8번 칸으로 옮깁니다.

9

01 A : 8, B : 7, C : 1, D : 5, E : 9, F : 6

02 1) 가운데 수의 좌우에 있는 수가 모두 같습니다.

2) 같은 수의 곱으로 나타냈습니다.

3) 곱하는 두 수의 자리수가 각각 홀수이면 가운데의 한 자리 수를 빼고 좌우 대칭입니다.

4) 곱하는 두 수의 자리수가 각각 짝수이면 가운데의 두 자리 수를 빼고 좌우 대칭입니다.

03 35개

☞ 2개씩 넣으면 1개가 남고, 3개씩 넣으면 2개가 남고, 4개씩 넣으면 3개가 남으므로 결국 봉지를 가득 채우는 데는 1개씩 모자랍니다. 따라서 2, 3, 4의 최소공배수인 12보다 1 작은 수 중에서 5로 나누어떨어지는 수입니다.

$(12 \times 1 - 1) \div 5 = 2 \cdots 1$ $(12 \times 2 - 1) \div 5 = 4 \cdots 3$

$(12 \times 3 - 1) \div 5 = 7 \cdots 0$ 그러므로 사탕의 개수는 35개

04 30분

☞ 통나무를 4도막으로 만들려면 3번 자르면 되므로 4도막으로 만드는데 걸리는 시간은 30분

05 ▶▶ 두 번째 옮기기

●	●	○	○	○	○	●			●
1	2	3	4	5	6	7	8	9	10

설명 : 8, 9번 바둑알을 5, 6번 칸으로 옮깁니다.

▶▶ 세 번째 옮기기

		○	○	○	○	●	●	●	●
1	2	3	4	5	6	7	8	9	10

설명 : 1, 2번 바둑알을 8, 9번 칸으로 옮깁니다.

10

01

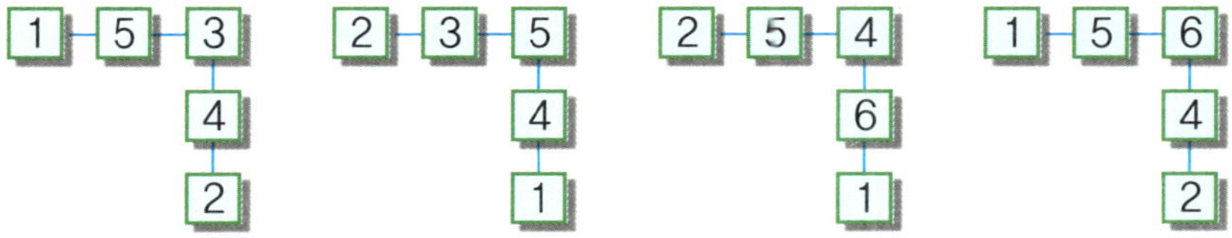

02 1) 100　2) 100　3) 100　4) 100

03 $1 + 3 + 4 + 7 = (2 + 5 + 6 + 8 + 9) \div 2$

$1 + 2 + 5 + 7 = (3 + 4 + 6 + 8 + 9) \div 2$

$1 + 2 + 4 + 8 = (3 + 5 + 6 + 7 + 9) \div 2$

$1 + 3 + 5 + 6 = (2 + 4 + 7 + 8 + 9) \div 2$

☞ 좌변의 네 수의 합을 A라고 하면 우변의 다섯 수의 합은 $2 \times A$

좌변과 우변의 9개의 수의 합은 $(1 + 9) \times 9 \div 2 = 45$, $A + 2 \times A = 45$, $A = 15$

즉, 좌변의 수의 합이 15가 되게 하면 문제를 해결할 수 있습니다.

04 3배

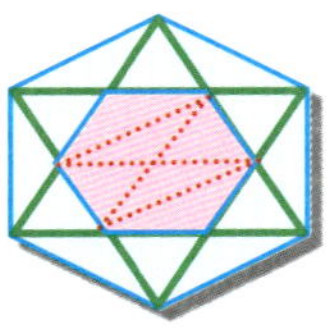

05 ▶▶ 두 번째 옮기기

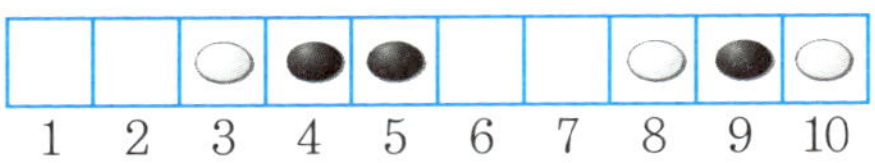

설명 : 6, 7번 바둑알을 9, 10번 칸으로 옮긴다.

▶▶ 세 번째 옮기기

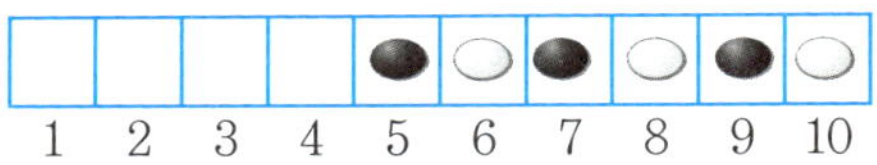

설명 : 3, 4번 바둑알을 6, 7번 칸으로 옮긴다.

11

01 A : 2, B : 4, C : 1, D : 3, E : 5

☞ A + B = 6, B + C = 5, C + D = 4, D + E = 8, E + A = 7에서 값이 가장 작은 C + D에서 문제해결 방법을 찾아보면 C + D = 4에 알맞은 순서쌍은 (C , D)는 (1 , 3), (3 , 1)입니다. 그리고 B + C = 5, D + E = 8에서 D가 C보다 큰 수어야 하므로 D는 3입니다.

따라서 C = 1, D = 3　　B + C = 5에서 C가 1이므로 B = 4

A + B = 6에서 B가 4이므로 A = 2　　A + E = 7에서 A가 2이므로 E = 5

02 9900　☞ 0 × 1, 1 × 2, 2 × 3, 3 × 4, 4 × 5, 5 × 6, ⋯⋯, 99 × 100

03 $12cm^2$　☞ 첫 번째 그림: 빗금친 부분이 2개이면 전체의 $\frac{1}{2}$

두 번째 그림: 빗금친 부분이 3개이면 전체의 $\frac{1}{3}$

세 번째 그림: 빗금친 부분이 4개이면 전체의 $\frac{1}{4}$

빗금친 부분이 12개이면 전체의 $\frac{1}{12}$이므로 $144 \times \frac{1}{12} = 12$

04 두 개의 모래시계를 동시에 뒤집어 놓습니다. 3분짜리 모래시계의 모래가 모두 떨어지면 달걀을 냄비에 넣고 삶기 시작합니다. 5분짜리 모래시계의 모래가 모두 떨어지면 재빨리 뒤집어 놓고 모래가 모두 떨어질 때까지 삶으면 반숙을 만들 수 있습니다.

05 ▶▶ 세 번째 옮기기

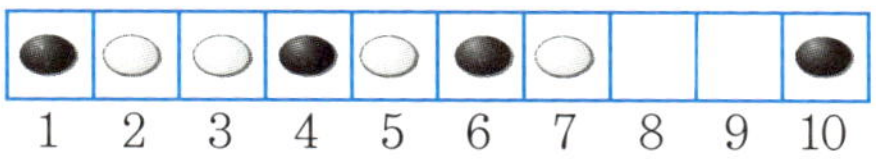

설명 : 8, 9번 바둑알을 5, 6번 칸으로 옮긴다.

▶▶ 네 번째 옮기기

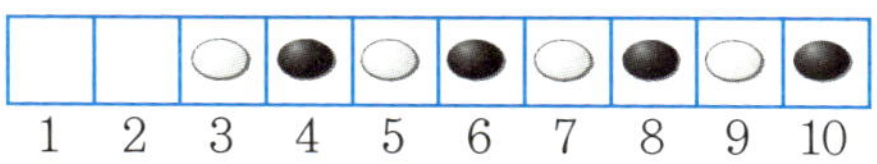

설명 : 1, 2번 바둑알을 8, 9번 칸으로 옮긴다.

12

01 A = 13, B = 3, C = 8, D = 1, E = 11, F = 6

02 1등 = A반, 2등 = E반, 3등 = C반, 4등 = B반, 5등 = D반

	A	B	C	D	E
A	\	○	○	○	○
B	×	\	×	○	×
C	×	○	\	○	×
D	×	×	×	\	×
E	×	○	○	○	\

☞ 아래의 표에서 A, B, C, E는 최소 1승이 있으므로 D는 한 번도 이기지 못했습니다. 따라서 A는 모두 이겼습니다. 아래의 표에서 살펴보면 A는 4승, E는 3승 1패, C는 2승 2패, B는 1승 3패, D는 4패

03 $\frac{5}{6}$ 또는 5 ÷ 6

04 매일 20분씩 줄넘기를 하였으면 3일에 1시간씩 줄넘기를 한 셈이 됩니다. 따라서 366 ÷ 3 = 122시간이 됩니다.

05

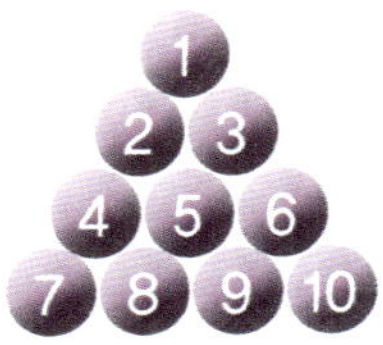

그림 ①

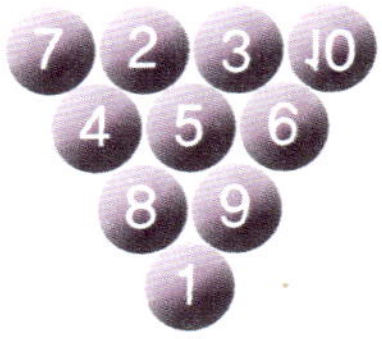

그림 ②

설명 : 7, 10번 바둑알을 2, 3번 옆에 놓고, 1번 바둑알을 8, 9번 아래에 놓습니다.

06

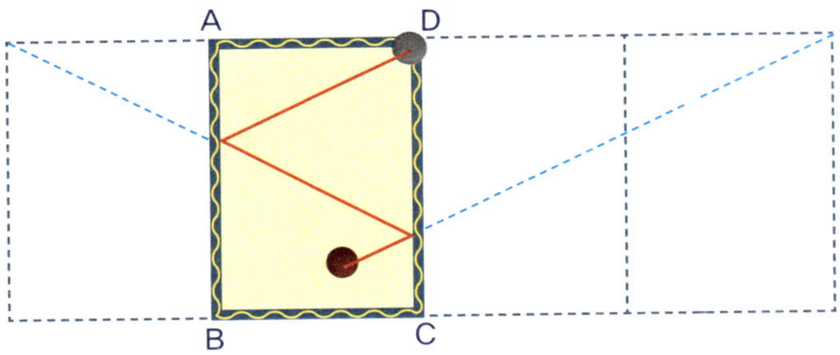

13

01 A = 3, B = 2, C = 1, D = 4, E = 5

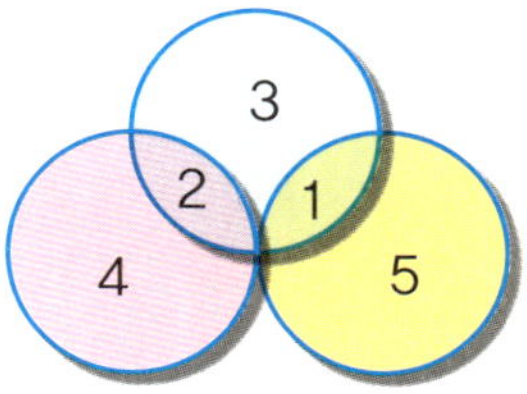

02 ① 23 × 64 = 32 × 46　② 24 × 63 = 42 × 36

③ 24 × 84 = 42 × 48　④ 23 × 96 = 32 × 69

⑤ 26 × 93 = 62 × 39

03

9	8	7
2	1	6
3	4	5

04

05

그림 ①

그림 ②

설명 : 11, 15번 바둑알을 4, 6번 옆에 놓습니다. 2, 3번 바둑알을 넷째 줄에 놓고, 1번 바둑알을 다섯째 줄에 놓습니다.

06

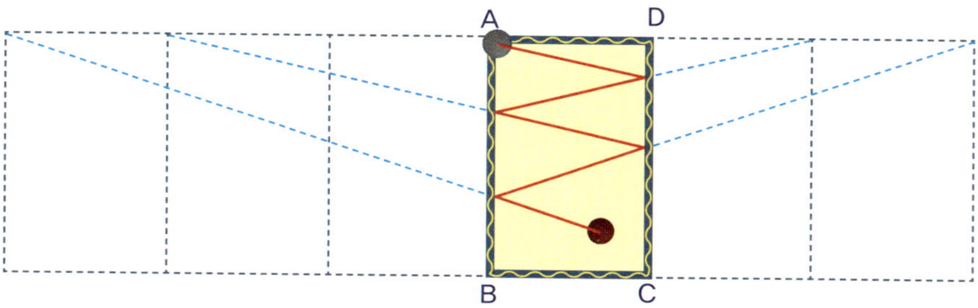

14

01 A = 6, B = 5, C = 7, D = 4

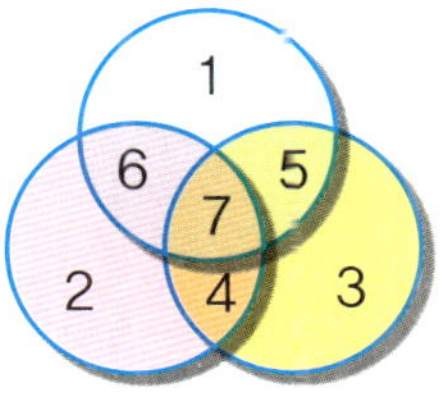

02

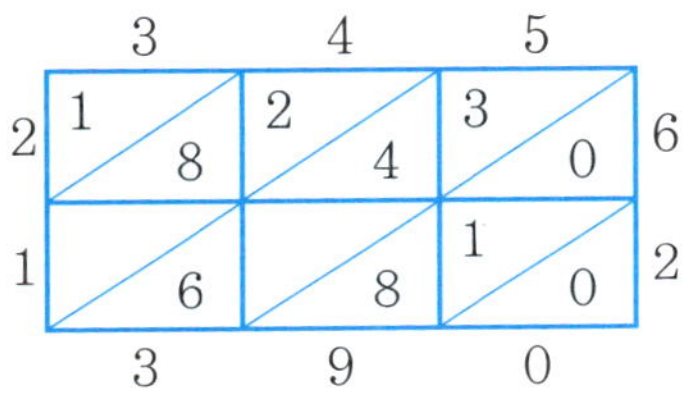

345 × 62 = 21390

03

$2\frac{2}{3}$	$7\frac{2}{3}$	$6\frac{2}{3}$
$9\frac{2}{3}$	$5\frac{2}{3}$	$1\frac{2}{3}$
$4\frac{2}{3}$	$3\frac{2}{3}$	$8\frac{2}{3}$

04 각각의 주머니에 2, 3, 4, 5, 6, 7, 8, 9, 10개의 구슬을 넣습니다.

05

그림 ①

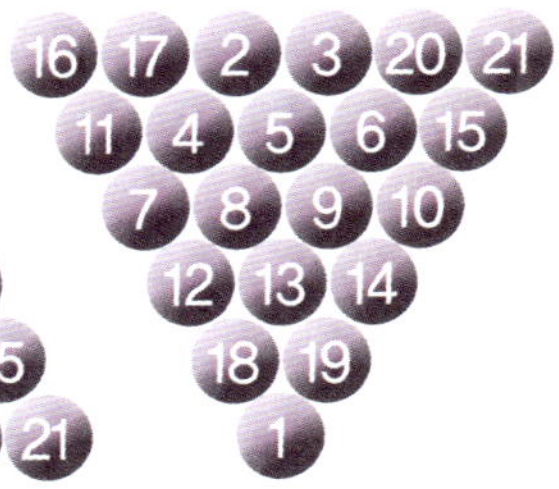

그림 ②

설명 : 16, 17, 20, 21번 바둑알을 2, 3번 줄로 이동하고, 11, 15번 바둑알을 4, 5, 6번 줄로 이동하고, 1번 바둑알을 맨 아랫줄로 이동합니다.

06 선우: 과자, 명호: 아이스크림, 수영: 사과

- 선우는 사과와 아이스크림을 싫어하므로 선우가 먹은 것은 과자
- 명호와 선우는 과일을 싫어하므로 아이스크림이나 과자인데 선우가 과자를 먹었으므로 명호는 아이스크림을 먹었음.
- 수영이는 아이스크림과 사과를 좋아하는 데 명호가 아이스크림을 먹었으므로 수영이는 사과를 먹었음.

15

01

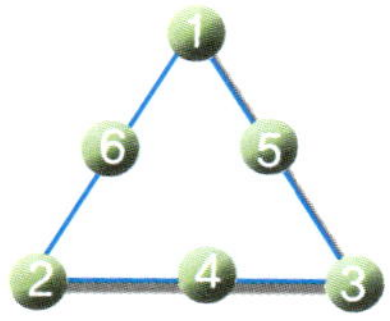

02 102

☞ 천의 자리의 수가 8이므로 백의 자리의 수는 1이고 십의 자리의 수는 0입니다. 일의 자리의 수는 2이상의 수이어야 하나 3인 경우에는 백의 자리에서 받아올림이 있습니다. 따라서 일의 자리의 수는 2입니다.

03

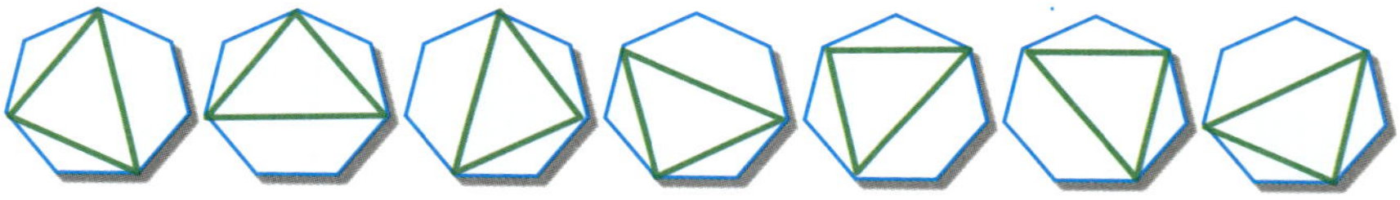

04 12종류의 무게를 잴 수 있습니다.

☞ 1(3 + 3 − 5), 2(5 − 3), 3, 4(5 + 5 − 3 − 3), 5, 6(3 + 3), 7(5 + 5 − 3), 8(5 + 3), 10(5 + 5), 11(5 + 3 + 3), 13(5 + 5 + 3), 16(5 + 5 + 3 + 3)

05 0승 3패

☞ 네 팀의 이긴 경기의 수와 진 경기의 수는 각각 6이 되어야 합니다. 이긴 경기의 수의 합이 6(2 + 3 + 1)이고 진 경기의 수의 합이 3(1 + 0 + 2)이므로 D의 성적은 0승 3패입니다.

06

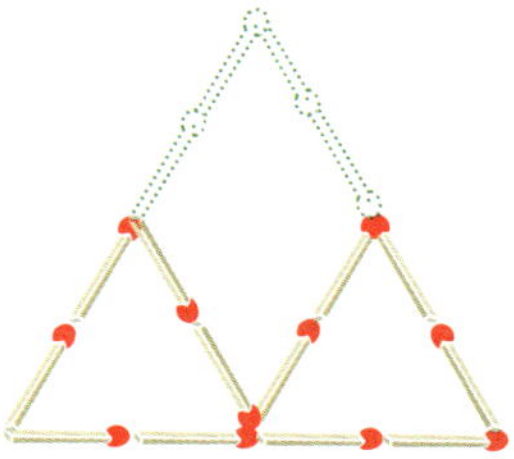

07

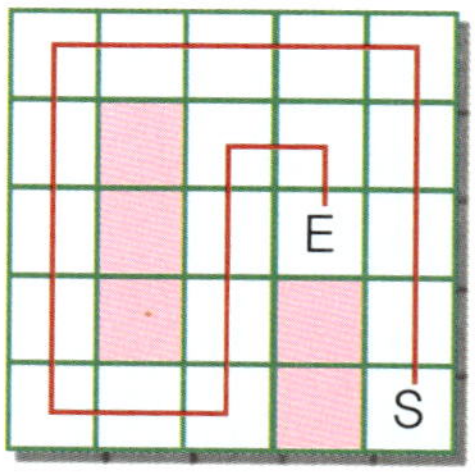

16

01 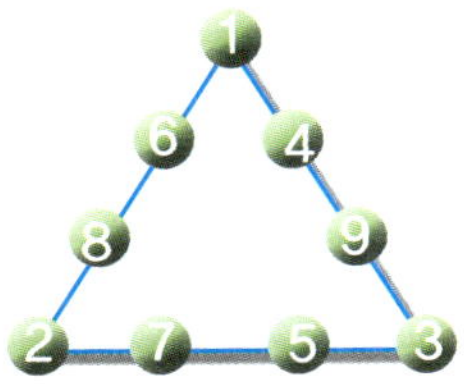

02 A : 1, B : 2, C : 9

☞ 8과 두 수의 곱이 두 자리의 수인 경우는 10, 11, 12에서 두 수와 한 수의 곱이 세 자리의 수가 되는 경우는 12와 98인 경우밖에 없습니다.

03 은수 : 40살, 대중 : 38살, 인성 : 37살, 태영 : 31살, 명철 : 14살, 나미 : 13살

☞ ①에서 명철 > 나미　　②에서 태영 > 명철

- ①, ②에서 살펴보면 태영 〉 명철 〉 나미
- ③에서 은수 〉 대중 〉 인성　④에서 인성 〉 태영

따라서 나이가 많은 순서대로 나열하면 은수 〉 대중 〉 인성 〉 태영 〉 명철 〉 나미
그러므로 은수 : 40살, 대중 : 38살, 인성 : 37살, 태영 : 31살, 명철 : 14살, 나미 : 13살

04 77　　☞ 777 − 77 = 700

05 8시 6분

☞ 한 시간에 6km의 빠르기로 걷기를 하므로 1분에 100m씩 걷는 셈입니다.
6000m ÷ 60분 = 100
따라서 300m 앞으로 가는데 3분이 걸렸고, 모자를 다시 찾으러 가는데 3분(300 ÷ 100)이 걸렸으므로 모자를 다시 찾은 시간은 8시 6분입니다.

06 

07 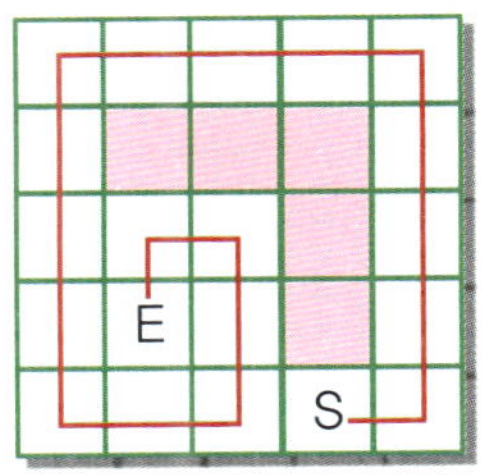

17

01 A : 4, B : 2, C : 12, D : 20, E : 22, F : 6, G : 3, H : 1

☞ 가로 방향 : 반씩 줄어듭니다. 32 → 16 → 8

사선 방향(/) : 2씩 늘어납니다. 6 → 8 → 10

사선 방향(＼) : 4씩 줄어듭니다. 32 → 28 → 24

02 $4125 \times 24 = \frac{33000}{8} \times 24 = 33000 \times 3 = 99000$

☞ $4.125 = 4\frac{1}{8} = \frac{33}{8}$

$4.125 = \frac{33}{8}$에서 양변에 1000을 곱하면 $4.125 \times 1000 = \frac{33}{8} \times 1000$

$4125 = \frac{33000}{8}$

03 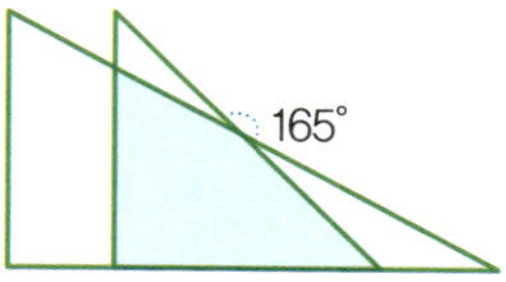

04 어느 선수가 더 빠르다고 말할 수 없습니다.

☞ 보람이의 기록은 17.45, 17.46, 17.47, 17.48, 17.49, 17.50, 17.51, 17.52, 17.53, 17.54초 중 하나입니다. 따라서 어느 선수가 더 빠르다고 말할 수 없습니다.

05 

06 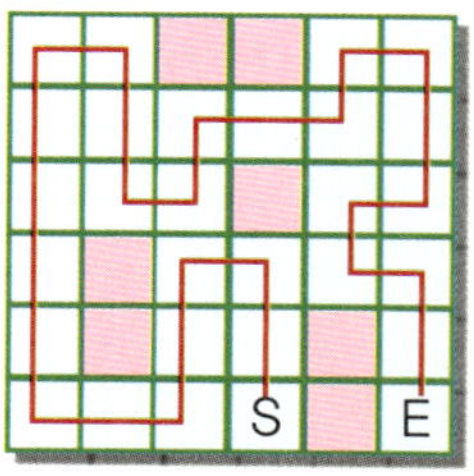

07 첫 번째 연필은 칼로 깎은 모양이고, 두 번째 연필은 연필깎이로 깎은 모양

18

01 A : 1, B : 2, C : 7, D : 12, E : 11, F : 6

02 1) $56 \times 56 = (25 + 6)(36) = 3136$

2) $57 \times 57 = (25 + 7)(49) = 3249$

3) $58 \times 58 = (25 + 8)(64) = 3364$

4) $59 \times 59 = (25 + 9)(81) = 3481$

03 그릇을 그림과 같이 45°로 기울여 재면 됩니다.

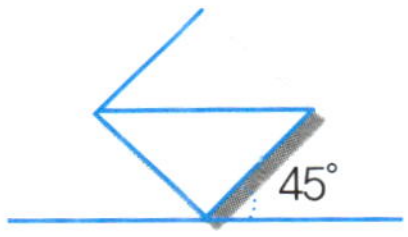

04 $76 \times 67 = 5092$

05 4배

☞ 작은 삼각형을 180°회전하면 오른쪽의 그림과 같이 되어 작은 삼각형의 4배

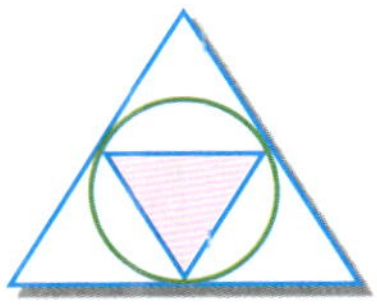

06

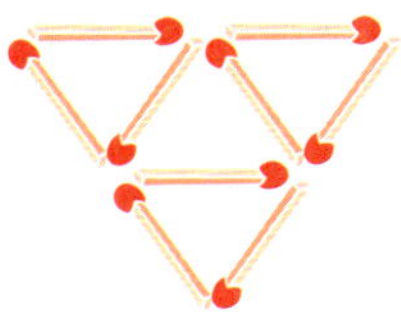

07

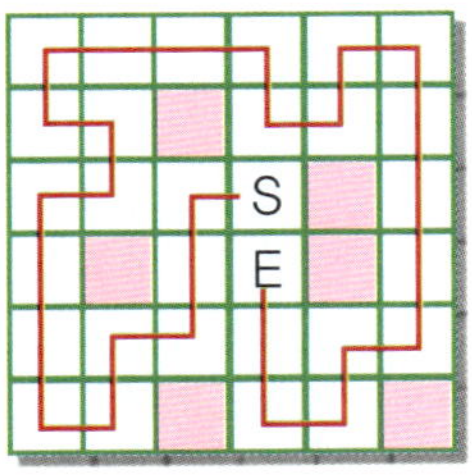

19

01

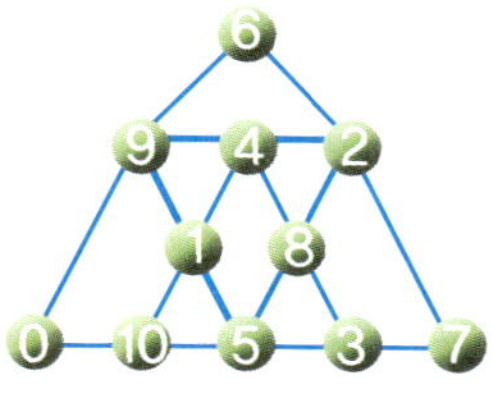

02 21가지

☞ (600), (510, 501), (420. 402, 411), (330, 303, 321, 312), (240, 204, 231, 213, 222), (150, 105, 141, 114, 132, 123)

03 5cm^2

☞ 그림 ①의 큰 정사각형에서 4개의 삼각형을 빼면 $3 \times 3 - (1 \times 2 \div 2) \times 4 = 5$
그림 ②에서 4개의 직각삼각형과 한 변의 길이가 1cm인 정사각형을 더하면
$(1 \times 2 \div 2) \times 4 + 1 = 5$

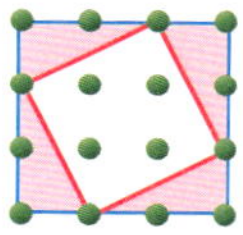
그림 ①

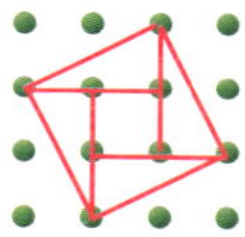
그림 ②

04 A은행

☞ A은행에서는 1000만원을 4년 동안 예금을 하면 200만원을 주므로 2000만원을 4년 동안 예금하면 400만원을 받을 수 있습니다. 그리고 B은행에서는 2000만원을 예금하면 5년 후에 400만원을 받을 수 있습니다. 따라서 A은행에 돈을 예금하는 것이 이익이 됩니다.

05

06

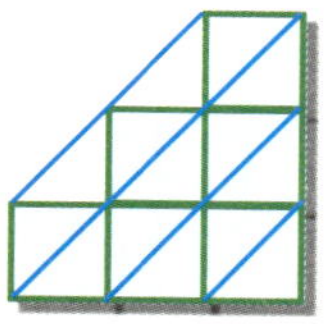

07

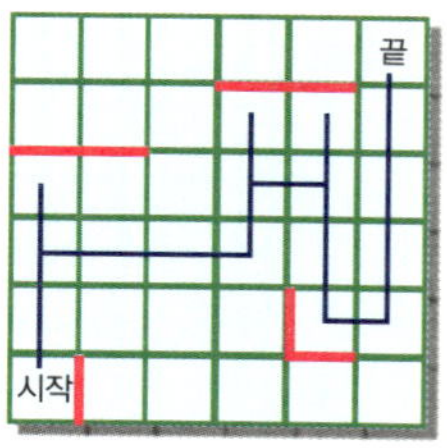

20

01 A : 7, B : 8, C : 6, D : 5, E : 10, F : 9

☞ • 2 + B + 3 = 13, B = 8

• A + 1 + 2 + B = 18, A + 1 + 2 + 8 = 18, A = 7

• A + C + 1 = 14, 7 + C + 1 = 14, C = 6

• C + D + 1 + 2 + 3 + 4 = 21, 6 + D + 10 = 21, D = 5

• F + 3 + 4 = 16, F = 9

02 10만 5천km

☞ 42 × = 3L , 적혈구의 개수 : 300만 × 500만 = 15조

적혈구의 길이 : 15조 × 0.007 ÷ 1000000 = 10만 5천

03 24초

04 900번 ☞ 60 × 15 = 900

05

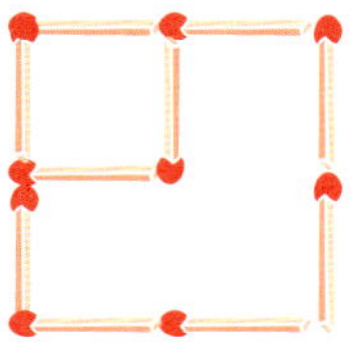

06 1에서 12까지의 숫자의 합은 78이고, 이를 6으로 나누면 한 조각의 숫자의 합은 13이 됩니다. 따라서 13이 되게 그림과 같이 나누면 됩니다.

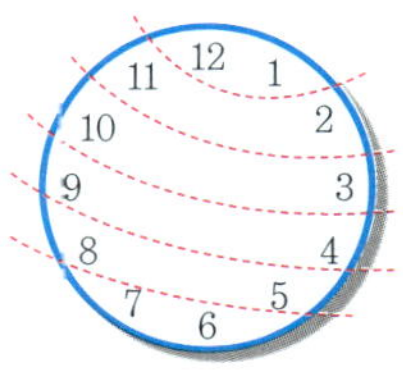

07

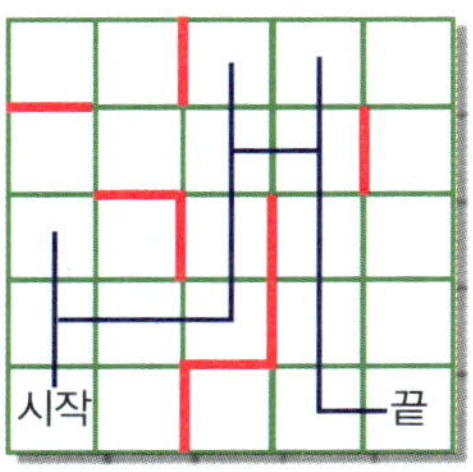

21

01 A = 7, B = 6, C = 5, D = 2, E = 4, F = 10

☞ • C + 1 + 9 = 15, C = 5
- A + 9 + 1 + 3 = 20, A + 13 = 20, A = 7
- A + 3 + B = 16에서 A = 7이므로 7 + 3 + B = 16, B = 6
- B + E + 8 = 18에서 B = 6이므로 6 + E + 8 = 18, E = 4
- C + D + E + B + 1 + 3 = 21에서 C = 5, E = 4, B = 6이므로 5 + D + 4 + 6 + 1 + 3 = 21, D + 19 = 21, D = 2
- C + D + F = 17에서 C = 5, D = 2이므로 5 + 2 + F = 17, F = 10

02 50분

☞ 아버지를 A, 큰 아들을 a, 작은 아들을 b라고 하자.

횟수	무인도	건너기	육지	방 법
처음	Aab			
1	A	→	ab	두 아들이 함께 육지로 간다.
2	Aa	←	b	큰 아들이 무인도로 간다.
3	a	→	Ab	아버지 혼자 육지로 간다.
4	ab	←	A	작은 아들이 무인도로 간다.
5		→	Aab	두 아들이 함께 육지로 간다.

03 '그릇 나'의 물을 '그릇 사'에 붓고, '그릇 라'의 물을 '그릇 자'에 붓는다.

04 A = 6, B = 7, C = 3, D = 5, E = 4

☞ 7008 ÷ 12 = 584에서 D = 5, E = 4

9[A] × [B][C]에서 살펴보면, 7008 ÷ 9[A]에서 B = 7

9[A] × [B][C]에서 7008 ÷ 7[C]가 나누어떨어지려면 3이어야 합니다.

따라서 A = 6, B = 7, C = 3, D = 5, E = 4

05

1 − 7		1 − 8	
742 6531	742 × 6531	8531 7642	8531 × 7642

06

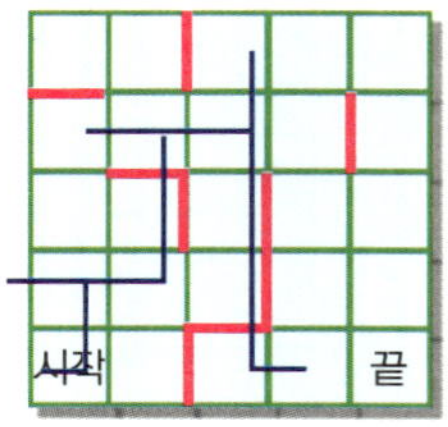

22

01 A = 9, B = 10, C = 2, D = 8, E = 4, F = 12, G = 6, H = 11, I = 14, J = 13

☞ • A + 7 + 1 = 17, A = 9 • A + 1 + C + B = 22, 9 + 1 + C + B = 22, C + B = 12 • B + C + D = 20에서 C + B = 12이므로 12 + D = 20, D = 8
• 숫자 1, 3, 5, 7, 8, 9는 이미 사용하였으므로 (B , C)는 (2 , 10) 또는 (10 , 2) 그런데 육각형에서 1 + 7 + E + 3 + D + C = 25에서 D = 8이므로 E + C + 19 = 25, E + C = 6에서 C는 6미만의 수입니다. 따라서 C는 2입니다. 그러므로 C = 2, B = 10
• 1 + 7 + E + 3 + D + C = 25, 1 + 7 + E + 3 + 8 + 2 = 25, E = 4
• 7 + E + F = 23, 7 + 4 + F = 23, F = 12
• F + 5 + I = 31, 12 + 5 + I = 31, I = 14
• D + 3 + H = 22, 8 + 3 + H = 22, H = 11
• E + F + 5 + G + H + 3 = 41, 4 + 12 + 5 + G + 11 + 3 = 41, G = 6
• H + G + J = 30, 11 + 6 + J = 30, J = 13

02 A = 1, B = 6, C = 8, D = 2, E = 5, F = 9, G = 3

03 68 ☞ $12 \times 2 + 3 \times 2 + 11 \times 2 + 8 \times 2 = 2 \times (12 + 3 + 11 + 8) = 68$

04 16가지

☞ 두 수의 합이 짝수가 되려면 짝수 + 짝수, 홀수 + 홀수이어야 합니다.
짝수 2, 4, 6, 8에서 6가지 {(2,4), (2,6), (2,8)}, {(4,6), (4,8)}, (6,8)
홀수 1, 3, 5, 7, 9에서 10가지 {(1,3), (1,5), (1,7), (1,9)}, {(3,5), (3,7), (3,9)}, {(5 7), (5,9)}, (7,9)

05 28cm

☞ 13개의 정사각형으로 이루어졌고, 겹쳐진 선분의 개수가 12개이므로
$4 \times 13 - 12 \times 2 = 52 - 24 = 28$

06

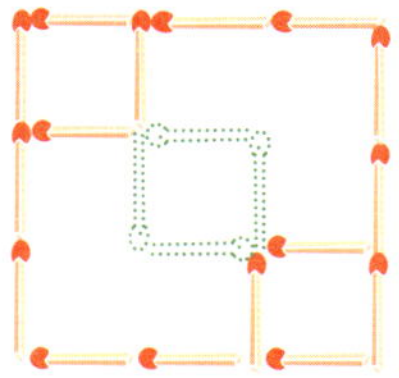

23

01 $3 \times (3 \div 3)$

02 ① 밀가루 13kg을 윗접시저울의 양쪽에 똑같이 올려놓아 6500g씩 나눕니다.

② 밀가루 6500g을 윗접시저울의 양쪽에 똑같이 올려놓아 3250g씩 나눕니다.

③ 윗접시저울의 왼쪽에 3250g과 750g의 분동을 올려놓고, 오른쪽에 설탕을 올려놓아 수평이 되게 하면 4kg의 설탕을 잴 수 있습니다.

따라서 위와 같은 방법으로 하면 4kg과 9kg으로 나눌 수 있습니다.

03 20 16 321 337 694 692 697 6970

☞ $a \to a-4 \to a \times b+1 \to b+c \to a+b+c+d \to e-2 \to f+5 \to g \times 10$

04 891 ⇒ $89 + 91 + 8 + 9 + 1 = 198$, 숫자의 순서가 바뀝니다.

05 48

☞ $4 \times 2 + 8 \times 2 + 9 \times 2 + 3 \times 2 = 48$ 또는 $(4 + 8 + 9 + 3) \times 2 = 48$

06

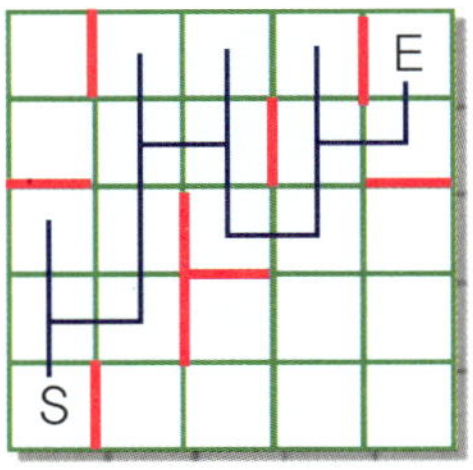

24

01 $4 + (4 - 4) \times 4$

02 $333333 \times 333333 = 111110888889$

03 180m^2

☞ $(20 - 2) \times (12 - 2) = 180$㎡

04 레와 솔, 도와 라, 미와 라

- 레와 솔 : $\frac{294}{392} = \frac{2 \times 3 \times 7 \times 7}{2 \times 2 \times 2 \times 7 \times 7} = \frac{3}{4}$
- 도와 라 : $\frac{264}{440} = \frac{2 \times 2 \times 2 \times 3 \times 11}{2 \times 2 \times 2 \times 5 \times 11} = \frac{3}{5}$
- 미와 라 : $\frac{330}{440} = \frac{3 \times 11 \times 10}{4 \times 11 \times 10} = \frac{3}{4}$

05 2가지 방법

① 6을 3의 자리로 이동하고, 1을 6의 자리로, 5를 1의 자리로, 2를 5의 자리로, 3을 2의 자리로 옮기면 됩니다.

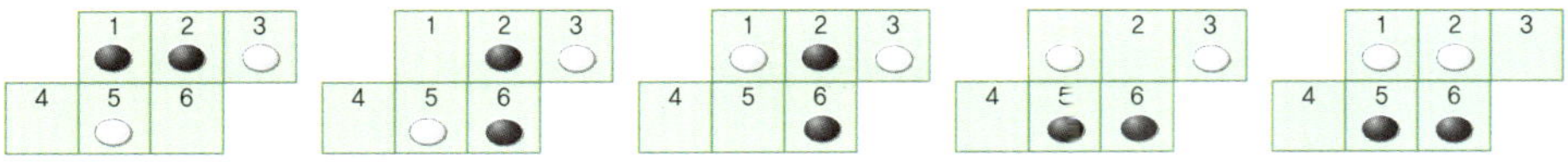

② 1을 4의 자리로 이동하고, 6을 1의 자리로, 2를 6의 자리로, 5를 2의 자리로, 4를 5의 자리로 옮기면 됩니다.

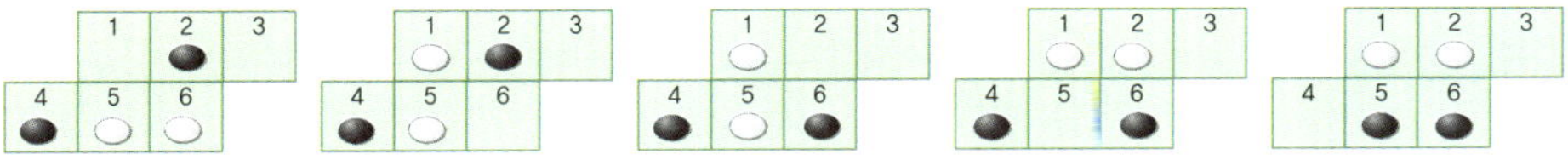

06

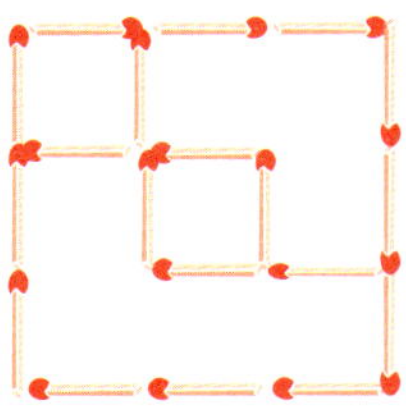

25

01 $9 \times (9 \div 9) \times (9 \div 9) \times (9 \div 9) \times (9 \div 9)$

또는 $9 + (9 - 9) + (9 - 9) + (9 - 9) + (9 - 9)$

02 150쪽 ☞ $160 - 4 - 6 = 150$

125쪽에서 129쪽까지 찢었을 경우 :

(125, 126), (127, 128), (129, 130) ⇒ 6쪽

03 $16cm^2$

☞ 45와 20의 최대공약수는 5이고 45와 36의 최대공약수는 9이므로

$4 \times 4 = 16$

	9	4
5	$45cm^2$	$20cm^2$
4	$36cm^2$	

04 가 : 2g , 나 : 7g, 다 : 10g , 라 : 5g

☞ 가 + 다 = 라 + 나……① , 가 + 라 = 나……②

- ① 의 '나' 대신 ②의 '가 + 라'를 넣으면 가 + 다 = 라 + (가 + 라)

  ~~가~~ + 다 = 라 + ~~가~~ + 라 ⇒ 다 = 라 × 2

  다 = 라 × 2에서 다와 라의 관계가 2배인 경우는 5와 10이다.

  따라서 다 = 10 , 라 = 5

- 가 + 라 = 나에서 가 < 나, 따라서 가 = 2g , 나 = 7g

05 $171m^2$ ☞ $(20 - 3) \times (12 - 2) + 1 = 171m^2$

06

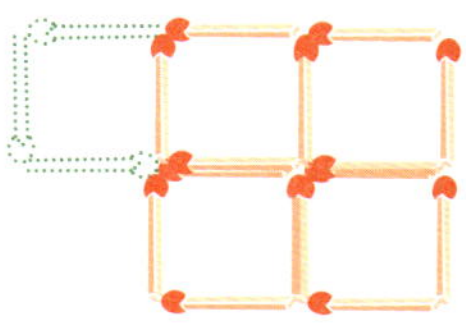

26

01 888 + 88 + 8 + 8 + 8

02

목적지	A − B	A − C	A − D	A − E	A − F	A − G	A − H	A − I	A − J
가짓수	1	2	3	5	8	13	21	34	55

03 60000원

☞ 처음에 50000원의 이익을 보았고, 두 번째에는 10000원의 이익을 보았으므로 60000원의 이익을 보았습니다.

04

55	72	57	19	57
74	4	69	93	20
54	72	41	43	50
30	87	46	13	84
47	25	47	92	49

05 60개

☞ 짝수 번째의 검은 바둑알의 개수는 흰 바둑알의 개수 보다 1개 적습니다.
따라서 열 번째 그림의 검은 바둑알의 개수는 $(11 \times 11 - 1) \div 2 = 60$개

06

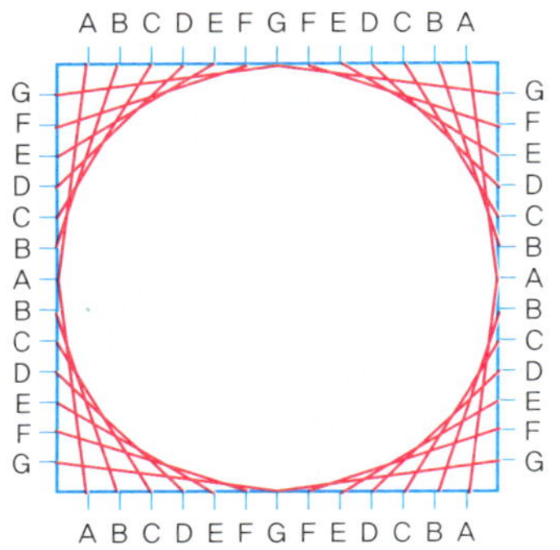

27

01 $(11111 - 111) \div 11 = 1000$

02

채용 인원	채용 방법	가짓수
4명	ABCD	1
3명	ABC, ABD, ACD, BCD	4
2명	AB, AC, AD, BC, BD, CD	6
1명	A, B, C, D	4
0명	한 사람도 채용하지 않습니다	1
전체의 가지 수		16

03 5종류

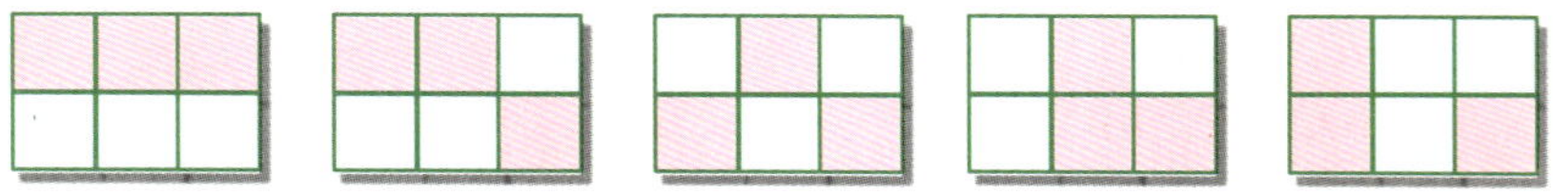

04

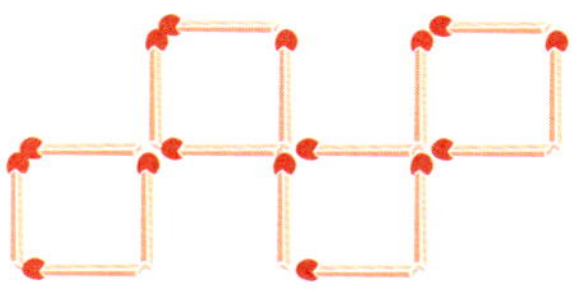

05

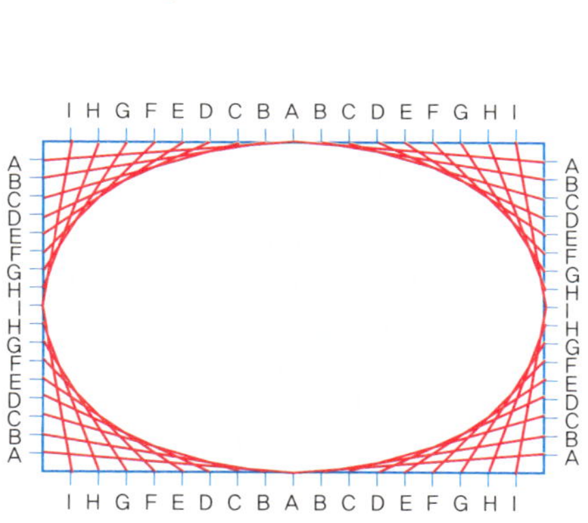

28

01 (9 × 9) + (9 + 9) + (9 ÷ 9)

02

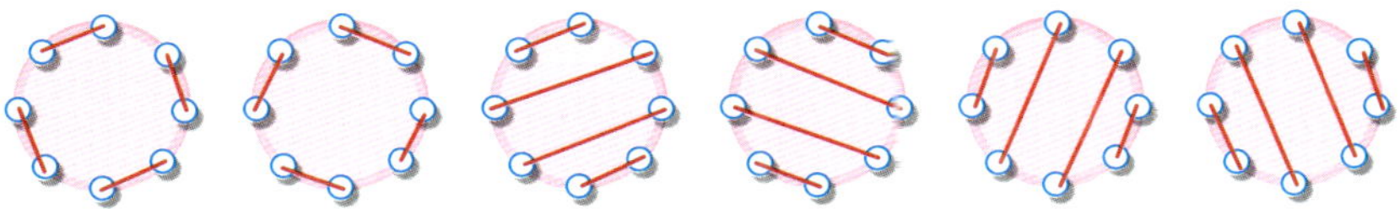

03
- 벽돌의 개수는 1년 동안의 시간과 같고(365 × 24),
- 방의 개수는 계절의 수와 같고(1년은 봄, 여름 가을, 겨울의 4계절),
- 소나무의 개수는 1년 동안의 개월 수와 같고(1년은 12달),
- 야생화는 1달 동안의 일수와 같고(1달은 30일)
- 7종류의 과일나무는 일주일 동안의 날 수와 같고(1주일은 7일),
- 개집의 수는 밤과 낮의 수와 같고(흰 색을 낮으로 하면, 검은 색은 밤),
- 비단잉어의 수는 1시간 동안의 분의 수와 같습니다.(1시간은 60분)

04

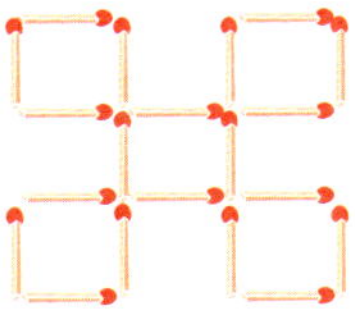

05

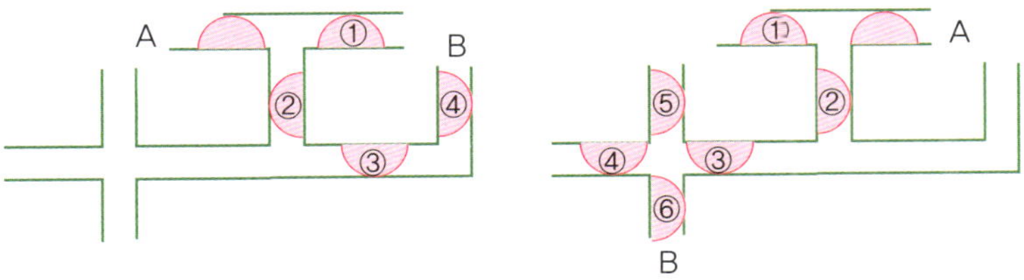

06

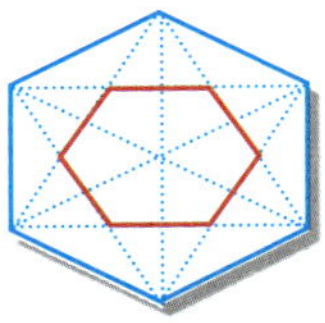

29

01 123 − 4 − 5 − 6 − 7 + 8 − 9

02 분모를 분자로 나누면 모두 $\frac{1}{4}$ 로 같습니다.

03 A = 2, B = 0, C = 5, D = 1, E = 5

☞ • D와 E의 곱이 5이고, A와 E의 곱이 10000이하의 수입니다.
따라서 A = 2, E = 5

• A와 E의 곱이 10입니다. 따라서 받아올림이 없음을 알 수 있습니다.
그러므로 B = 0

• C와 E의 곱이 25입니다. C = 5

• D와 E의 곱이 5이므로 D = 1

04

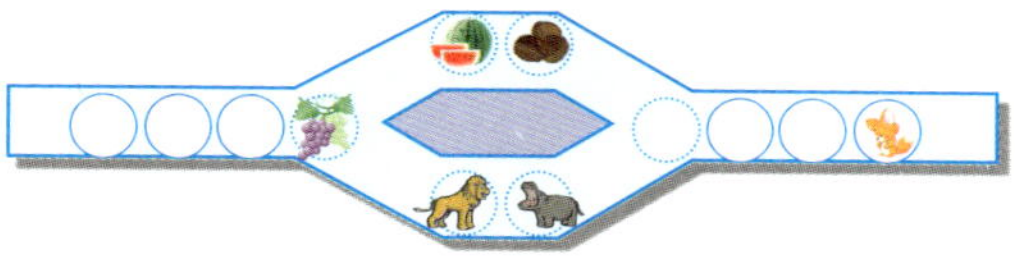

① 포도, 수박, 밤을 한꺼번에 밀어서 3칸씩 옮깁니다.

② 사자, 하마를 한꺼번에 밀어서 3칸씩 옮깁니다.

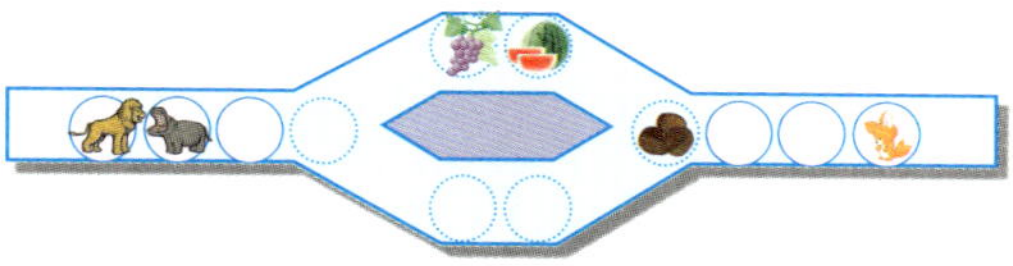

③ 포도, 수박, 밤을 한꺼번에 밀어서 1칸씩 옮깁니다.

④ 사자, 하마를 한꺼번에 밀어서 4칸씩 옮깁니다.

⑤ 포도, 수박, 밤을 한꺼번에 1칸씩 뒤로 옮깁니다.

⑥ 여우를 5칸 옮깁니다.

⑦ 포도, 수박, 밤을 4칸씩 옮기고, 여우를 2칸 옮겨 자리를 바꿉니다.

30

01 98 − 7 − 6 + 5 + 4 + 3 + 2 + 1

또는 98 + 7 − 6 + 5 − 4 + 3 − 2 − 1

02 나머지 27

☞ 1 + 23 + 45 + 67 + 89 = (1 + 89) + (23 + 67) + 45 = 225 → 2 + 25 = 27

03 우유가 반이 들어 있는 통 2개를 빈 통에 부어 우유가 가득 든 통 한 개를 만듭니다. 그러면 우유가 가득 든 통이 6개, 반이 들어있는 통이 3개, 빈 통이 6개가 됩니다. 따라서 각각의 사람에게 우유가 가득 든 통 2개, 반이 든 통 1개, 빈 통 2개를 주면 됩니다.

04 21번

☞ 0~9, 20~99에서 9번, 10~19에서 11번, 100에서 1번

05 곰 ☞ 145 − 128 = 17 → 17 − 16 = 1에서 145 = 1 + 16 + 128

위에 맞는 철자는 'ㄱ, ㅁ, ㅗ'이 되고 이를 적당히 배치하면 곰이 됩니다.

06 60개 ☞ 다섯 번째 그림의 바둑알의 개수는 4 + 8 + 12 + 16 + 20 = 60

07

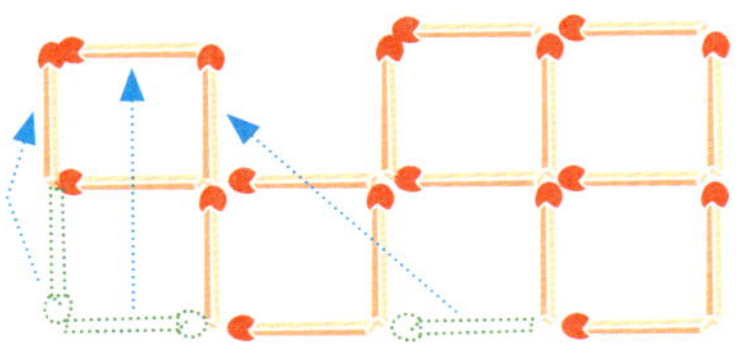

31

01 13 + 57 + 9 + 2 + 4 + 6 + 8

02 한 자리의 숫자는 8이고 4회 반복합니다.

☞ 77 = 7 × 7 = 49 = 4 × 9 = 36 = 3 × 6 = 18 = 1 × 8 = 8 ⇒ 77(4)

03

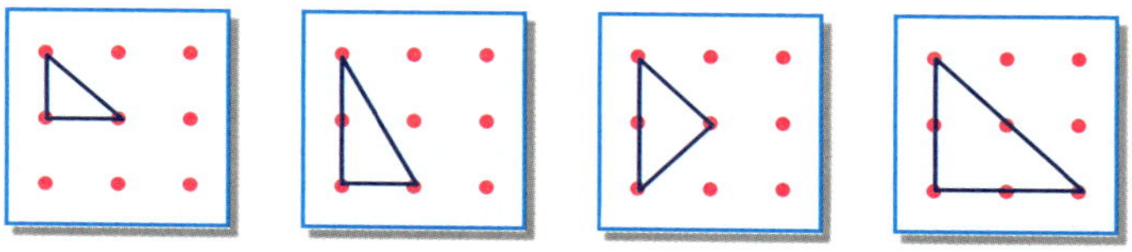

04 33cm

☞ 2 × 3 × 10 − 3 × (10 − 1) = 33cm

05

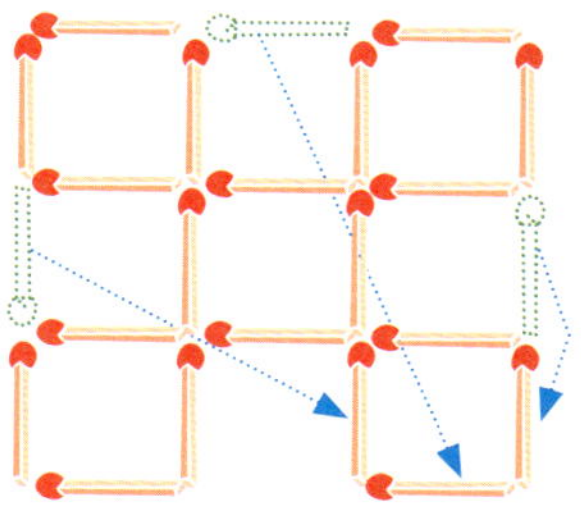

06

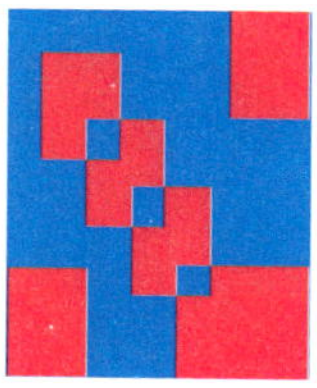

2가지

3가지

2가지

32

01

0	4 − 4 + 4 − 4 = 0	5	(4 + 4 × 4) ÷ 4 = 5
1	44 ÷ 44 = 1	6	(4 + 4) ÷ 4 + 4 = 6
2	4 ÷ 4 + 4 ÷ 4 = 2	7	44 ÷ 4 − 4 = 7
3	(4 + 4 + 4) ÷ 4 = 3	8	4 × 4 − 4 − 4 = 8
4	4 + (4 − 4) × 4 = 4	9	4 ÷ 4 + 4 + 4 = 9

이외 다양한 답이 나올 수 있음

02 45792 | 4 | 5 | 7 | 9 | 2 |

☞ • 8의 배수이므로 79□는 8로 나누어 떨어져야 합니다. 따라서 □안의 수는 2　792 ÷ 8 = 99

• 9의 배수이므로 (□ + 5 + 7 + 9 + 2) ÷ 9 = (□ + 23) ÷ 9에서 □안의 수는 4

03 33(三十三)

• 三十三(33)에서 뒤에서 3(三)을 빼면 三十(30),
• 三十三(33)에서 앞에서 3(三)을 빼면 十三(13)

04

		A	B	C	합 계
물건 값		4430	7840	2680	
거스름돈의 개수	5000원	1		1	2
	1000원		1		1
	500원	1	2	4	7
	100원		6	3	9
	10원	7	6	2	15
거스름돈		5570	2160	7320	

05

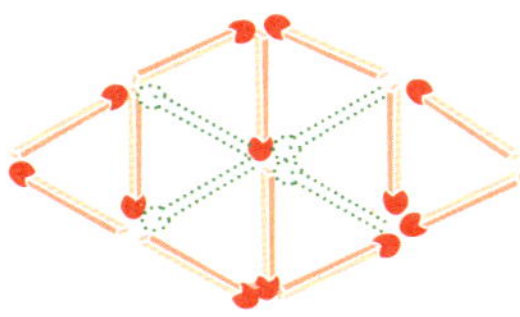

06 4가지 색

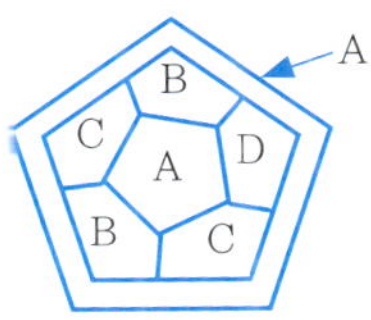

33

01 4444

```
   254
+  452
------
   706
+  607
------
  1313
+ 3131
------
  4444
```

02 ♧ ☞ 그림을 숫자로 바꾸어 보면 아래와 같은 규칙이 있음을 알 수 있습니다. 따라서 빈칸에 알맞은 그림은 ♧

♡ : 1, ♥ : 2, ♤ : 3, ♠ : 4, ♧ : 5

1	1	2	1	2	3
1	2	3	4	1	2
3	4	5	1	1	2
1	2	3	1	2	3
4	1	2	3	4	

03 $\frac{27}{54}$

04

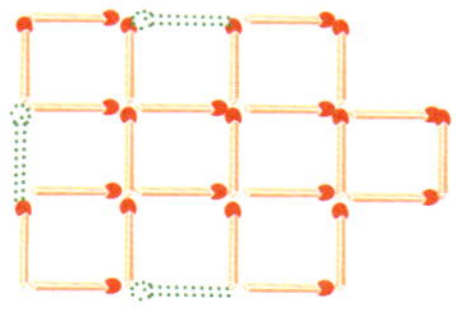

05 1) 2가지

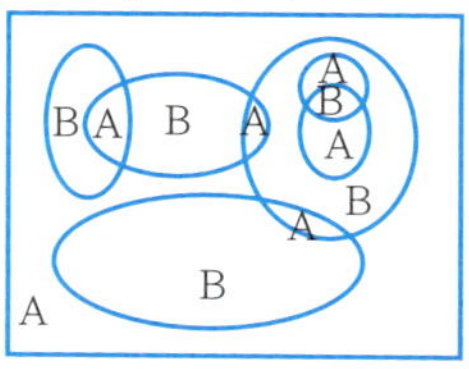

2) 3가지

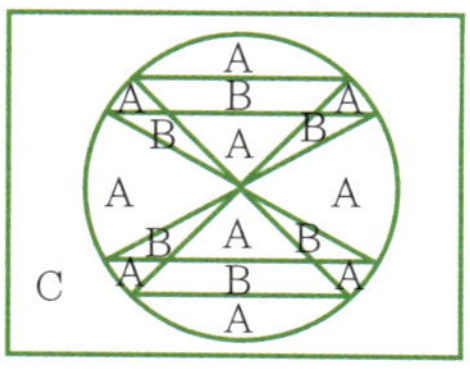

06 숫자카드 6을 180°회전하면 9가 되고, 수학기호 카드 '+'를 45°회전하면 '×'가 됩니다.

6 × 9 = 5 4

34

01 1) 121121 2) 122221 3) 12233221 4) 122343221

계산 결과는 팰린드롬 수입니다.

02 28

☞ 토끼를 A, 곰을 B, 고양이를 C, 돌고래를 D로 바꾸어 표로 나타내면 아래와 같습니다.

④		③			
A	A	A	A	16	①
C	D	B	C	32	
A	B	B	A	20	②
D	C	C	B	32	
26		24	22		

- ①에서 4 × A = 16, A = 4
- ②에서 2 × A + 2 × B = 20,
  2 × 4 + 2 × B = 20, B = 6
- ③에서 A + B + B + C = 24, 4 + 6 + 6 + C = 24, C = 8
- ④에서 A + C + A + D = 26, 4 + 8 + 4 + D = 26, D = 10

따라서 A + D + B + C = 4 + 10 + 6 + 8 = 28

03 55번

☞ 맨 처음에 첫 번째 방문을 여는 데 최대 10개의 열쇠를 사용해야 합니다. 그리고 첫 번째 열쇠를 찾았으면 두 번째 방문을 여는데 최대 9개의 열쇠를 사용해야 합니다. 이와 같은 방법으로 실시하면 열쇠를 최대 55번 사용해야 합니다. 10 + 9 + 8 + 7 + …… + 1 = 55

04 7 도막

☞ 처음 : 1, 한 번 접기 : 3, 두 번 접기 : 5, 세 번 접기 : 7

05 3가지

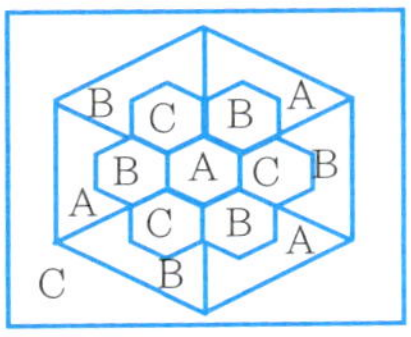

06 그림① 90도 좌회전,

그림② 180도 우회전

35

01 1) 272 2) 6006 3) 289982 4) 474474

공통점 : 계산 결과 모두 거울수입니다.

02 무당벌레 : 3, 사과 : 4, 종 : 5, 토끼 : 6, 나무인형 : 7

☞ • 무당벌레 + 종 + 무당벌레 + 종 = 16, 무당벌레 + 종 = 8, 사과 + 무당벌레 + 사과 + 종 = 16, 사과 + 사과 + (무당벌레 + 종) = 16, 사과 = 4

• 종 + 사과 × 3 = 17, 종 + 4 × 3 = 17, 종 = 5

• 무당벌레 + 무당벌레 + 종 + 종 = 16, 무당벌레 × 2 + 5 + 5 = 16, 무당벌레 = 3

• 토끼 + 무당벌레 × 2 + 사과 = 16, 토끼 + 3 × 2 + 4 = 16, 토끼 = 6

• 사과 + 토끼 × 2 + 나무인형 = 23, 4 + 6 × 2 + 나무인형 = 23, 나무인형 = 7

03 b는 a보다 1 작은 수이어야 합니다.

04 3분

☞ 3장의 빈대떡을 각각 A, B, C라고 하면

A, B의 앞면 (1분) → A의 뒷면, C의 앞면 (1분) → B의 뒷면, C의 뒷면 (1분)

05 1)

	로봇1	로봇2	로봇3
로봇이 마지막에 움직인 칸의 수	2	6	10
출발점으로 돌아오는데 반복한 횟수	2	2	2

2) 짝수이지만 4의 배수는 제외합니다.

3) 2회 반복한 후 출발점으로 돌아옵니다.

4) 8칸을 움직인 후 규칙을 반복했습니다.

5) 마지막으로 움직인 칸의 수가 4의 배수이면 출발점으로 돌아올 수 없습니다.

36

01 모두 거울수입니다.

02 무당벌레 : 5, 사과 : 4, 나무인형 : 1, 종 : 2, 트끼 : 3

☞ • A (무당벌레), B (사과), C (나무인형), D (종), E (토끼)라고 합니다.
• ②, ③에서 그림의 합이 11, 10이고, 나무인형과 종이 각각 3개 있으므로 나무인형 한 개와 종 한 개는 1 또는 2입니다. ①에서 그림의 합이 22이므로 종은 짝수입니다. • ③과 ①에서 D = 2, C = 1 • ①에서 4 × A + 2 = 22, A = 5 • A + A + B + C + B = 19, 5 + 5 + B + 1 + B = 19, 2 × B = 8, B = 4
• D + D + E + C + D = 10, 2 + 2 + E + 1 + 2 = 10, E = 3

03 4분

☞ 아빠돼지는 1분 동안에 120g(1200 ÷ 10)의 먹이를 먹고, 엄마돼지는 1분 동안에 100g(1200 ÷ 12)의 먹이를 먹고, 아기돼지는 1분 동안에 80g(1200 ÷ 15)의 먹이를 먹습니다. 따라서 3마리가 1분 동안에 먹는 양은 300g(120 + 100 + 80)이 됩니다. 그러므로 1200g의 먹이를 먹는 데 걸리는 시간은 4분(1200 ÷ 300)

04 819 ☞ 11, 12, 13, 14, 15, 16, 17, 18, 19, 20, 21, 22, ……를 세 자리씩 묶어 새로운 수를 만들었습니다. 따라서 빈칸에 알맞은 수는 819

05 1)

	로봇1	로봇2	로봇3
로봇이 마지막에 움직인 칸의 수	3	5	7
출발점으로 돌아오는데 반복한 횟수	4	4	4

2) 홀수입니다.

3) 4번 반복한 후 출발점으로 돌아옵니다.

4) 출발점으로 돌아옵니다. 그리고 4번 반복한 후 출발점으로 돌아옵니다.

37

01 1) 343, 2) 1331, 3) 1030301, 4) 1367631

앞에서부터 읽으나 뒤에서부터 읽으나 같은 팰린드롬 수(거울수)입니다.

02 42

☞ A + B + C + D + E = G

2 + 4 + 6 + 8 + 10 + 12 = 42

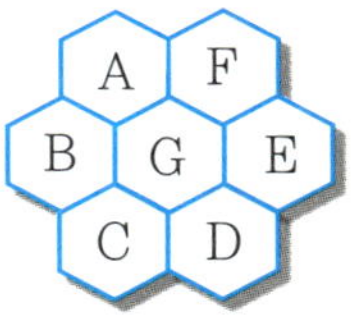

03 ① 먼저 왼쪽에 추를 올려놓고 양쪽에 수평이 되게 설탕을 올려놓으면 왼쪽에 95g의 설탕의 무게를 잴 수 있습니다.

② 두 번째, 왼쪽에 추를 올려놓고 오른쪽에 설탕을 올려놓아 수평이 되게 하면 20g의 설탕의 무게를 잴 수 있습니다. 따라서 나머지는 75g이 됩니다.

04

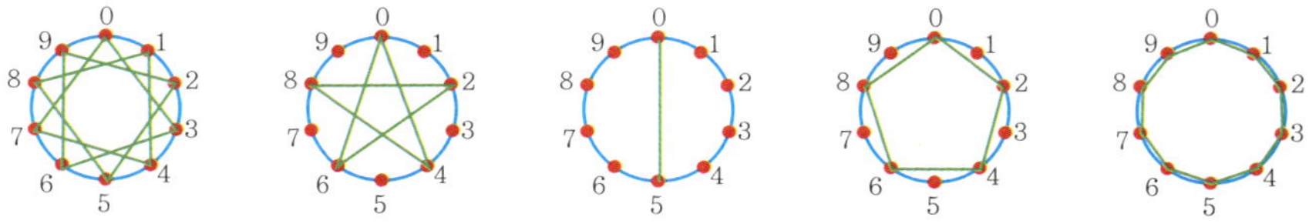

05

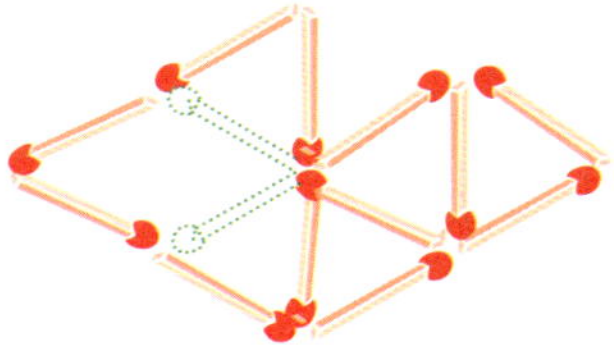

38

01 1) 323　2) 33233　3) 3332333　4) 333323333

02 11220101110210101201010121111

03 1시간 39분 또는 99분

☞ 첫 번째 나무에서 다섯 번째 나무까지 가는데 4분이 걸렸으므로 첫 번째 나무에서 두 번째 나무로 가는데 걸리는 시간은 1분

첫 번째 나무에서 100번 째 나무까지 가는 데 걸리는 시간

$1 \times (100 - 1) = 99$분

04

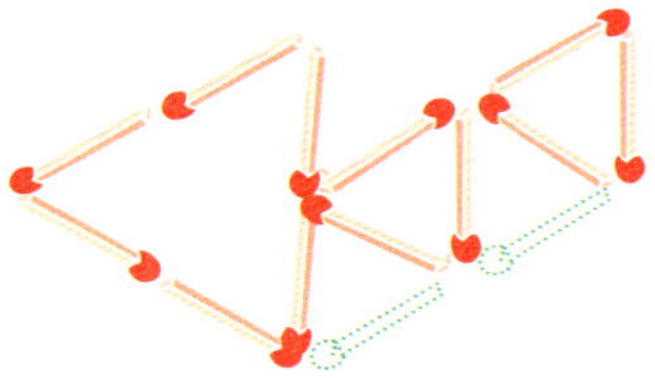

05

						5			
					4			20	
				3	10		19		
			2	9		18	25		
17	24	1	8	15	17	24			
23	5	7	14	16	23				
4	6	13	20	22					
10	12	19	21	3					
11	18	25	2	9					

39

01 〈표1〉 가로, 세로, 대각선의 세 수의 합이 모두 1635입니다.

〈표2〉 가로, 세로, 대각선의 세 수의 합이 모두 1635입니다.

02 58985로 계산 결과가 같습니다.

03 형이 이깁니다.

☞ 형이 100m인 지점을 달리는 동안 동생은 97m인 지점에 있습니다.
따라서 두 사람이 동시에 도착한 지점은 결승선의 3m 앞의 지점입니다.
형이 동생보다 빠르므로 같은 거리를 달리는 데는 형이 이깁니다.

04

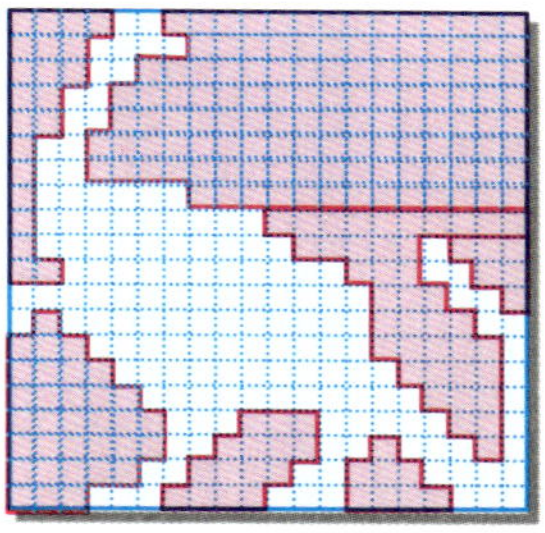

05

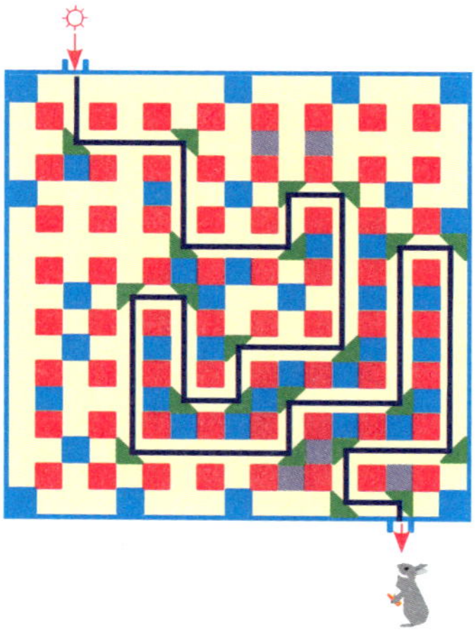

40

01

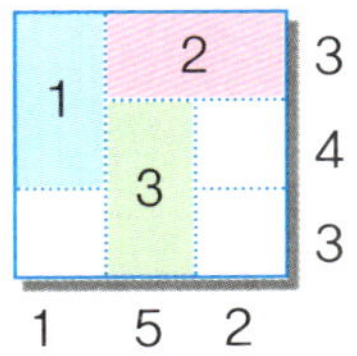

02 B G R B R G 또는 G R B R G B

03 4 ÷ .4%

☞ 4 ÷ .4% = 4 ÷ 0.004 = 1000

04 삼각형의 세 각의 합이 180도임을 알아보기 위한 작업이었습니다.

05

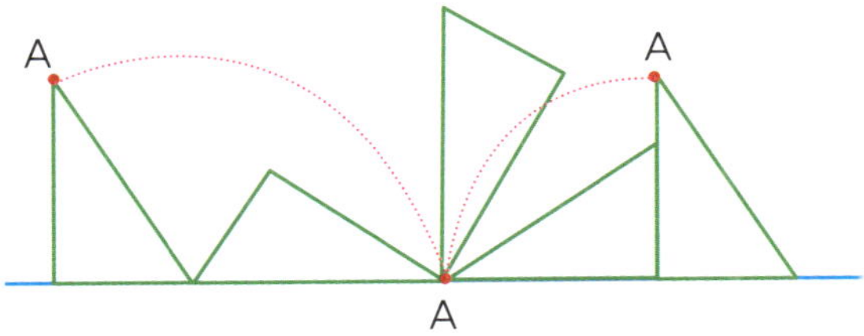

41

01

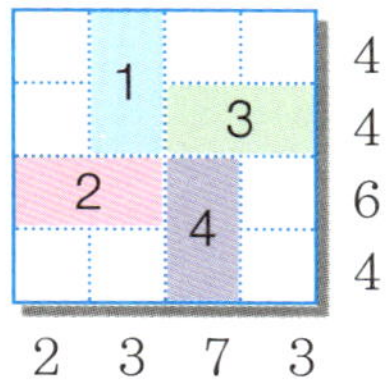

02 G B V G R B R V 또는

V R B R G V B G

03 63cm ☞ $15 + 13 + 11 + 9 + 7 + 5 + 3$

$= (15 + 5) + (13 + 7) + (11 + 9) + 3 = 63$

04

도형의 종류	그림 ①	그림 ②	그림 ③	그림 ④
도형의 넓이(cm^2)	6	6	7.5	7.5
변 위에 있는 점의 개수(A)	10	8	9	11
도형 내부에 있는 점의 개수(B)	2	3	4	3
$(A \div 2) + (B - 1)$	6	6	7.5	7.5

05

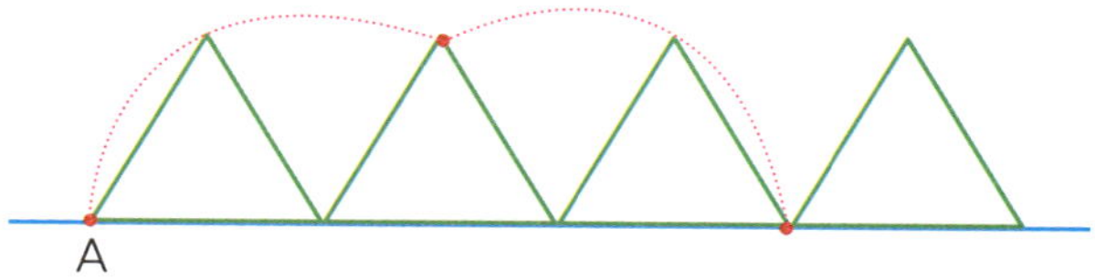

42

01 $5 \times 7 + 1 = 36$

02

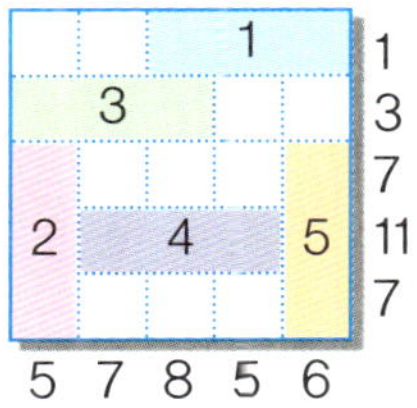

03 A : 6, B : 15, C : 20, D : 15, E : 6

1층: 1, 2층: 2, 3층: 4, 4층: 8, 5층: 16, 6층: 32, 7층: 64

☞ 1층: 1, 2층: 2, 3층: 4(2×2), 4층: 8($2 \times 2 \times 2$), 5층: 16($2 \times 2 \times 2 \times 2$), 6층: 32($2 \times 2 \times 2 \times 2 \times 2$), 7층: 64($2 \times 2 \times 2 \times 2 \times 2 \times 2$)

04 62개

☞ • 5kg짜리 쇳덩이 50개로 50개의 장난감을 만듭니다.(50개) • 50개의 쇳덩이에서 50kg의 쇳밥이 나오면 5kg짜리 쇳덩이 10개를 만들 수 있습니다. • 쇳덩이 10개를 깎아 10개의 장난감을 만듭니다.(10개) • 10개의 쇳덩이에서 나온 10kg의 쇳밥으로 2개의 쇳덩이를 만들 수 있습니다. • 2개의 쇳덩이로 2개의 장난감을 만들고 나면 2kg의 쇳밥이 나오므로 더 이상 장난감을 만들 수 없습니다.(2개) • $50 + 10 + 2 = 62$에서 장난감은 62개 만들 수 있습니다.

05

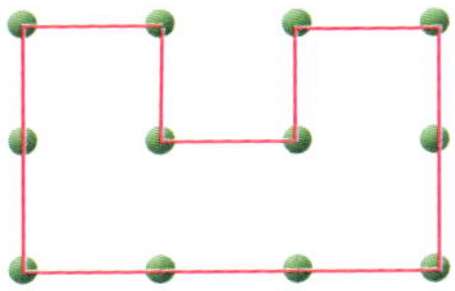

06

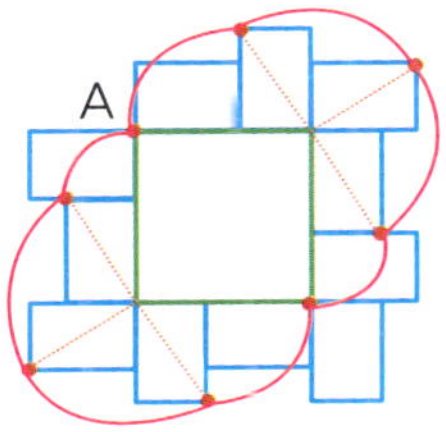

43

01 $2 + 3 \times 5 = 17$

02 2200명

학년 / 연도	1학년	2학년	3학년	4학년	합 계
2011년	500	400	300	200	1400
2012년	600	500	400	300	1800

03 정상적이지 못합니다.

☞ $(220 - 20) \times \frac{3}{4} = 150$

150회 이상의 심장 박동수를 갖고 있어야 하는데 130번의 박동수를 갖고 있으므로 안전하지 못합니다.

04 640만원

☞ 1년이 지나면 $\frac{1}{5}$이 떨어지므로 자동차의 값은 1000만원 $\times \frac{4}{5} =$ 800만원

2년이 지나면 800만원에서 $\frac{1}{5}$이 떨어지므로 자동차의 값은

800만원 $\times \frac{4}{5} =$ 640만원, $10000000 \times \frac{4}{5} \times \frac{4}{5} =$ 640만원

05 0t

시 각	8	9	10	11	12	1	2	3
물의 양	130	90	100	60	70	30	40	0

06 13 가지

☞ 물체를 ■ 라고 하면

1 (1 = ■), 2 (3 = 1 + ■), 3 (3 = ■), 4 (1 + 3 = ■),

5 (9 = 1 + 3 + ■), 6 (9 = 3 + ■), 7 (9 + 1 = 3 + ■),

8 (9 = 1 + ■), 10 (1 + 9 = ■), 11 (9 + 3 = 1 + ■), 12 (9 + 3 = ■),

13 (9 + 3 + 1 = ■)

44

01 $5 \times 7 + 6 = 41$

02 1) 27 ☜ $3 * (7 \& 2) = 3 \times (7 + 2) = 27$

2) 17 ☜ $5 \& 4 * 3 = 5 + 4 \times 3 = 17$

3) 2 ☜ $2 \& 2 = 2 * 2$, $2 + 2 = 2 \times 2$

03 16문제

☞ 모두 맞추었다면 1600점을 받았을 것입니다. 그런데 점수가 1080점이므로 520점은 틀린 문제 때문에 생긴 것입니다.

그리고 맞추었을 때와 틀렸을 때의 점수의 차는 130점입니다.

따라서 틀린 문제는 4문제(520 ÷ 130)이고, 맞춘 문제는 16문제입니다.

04 처음의 수와 같습니다.

• $371 = 3 \times 3 \times 3 + 7 \times 7 \times 7 + 1 \times 1 \times 1 = 371$

05 10개

☞ AB, BC, CD, DE (4개) AC, BD, CE (3개) AD, BE (2개) AE (1개)

• $4 + 3 + 2 + 1 = 10$

06

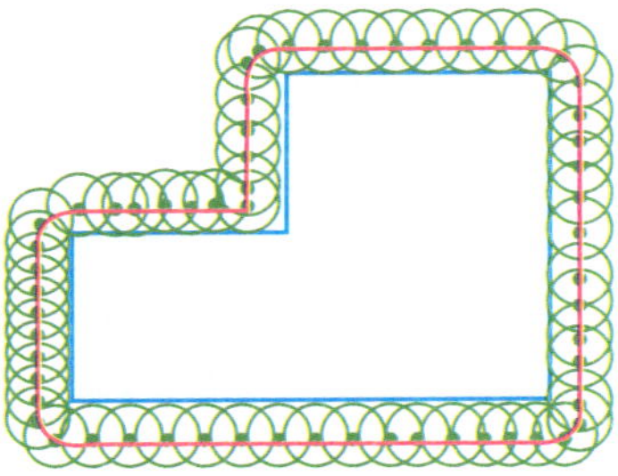

45

01 $3 \times 16 + 2 = 50$

02 1) 2

☞ $137 \div 6 = 22 \cdots 5$에서 $137 * 6 = 5$, $5 * 3 = 2$

a * b는 a를 b로 나눈 나머지

2) 1, 2, 4, 8, 16, 32

☞  는 32의 약수이고, 32의 약수는 1, 2, 4, 8, 16, 32

03

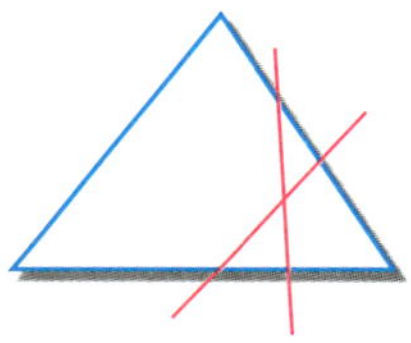

04 66개

☞ 사각형: $1 + 2 + 3 = 6$개, 오각형: $1 + 2 + 3 + 4 = 10$개, 육각형: $1 + 2 + 3 + 4 + 5 = 15$개에서 12각형: $1 + 2 + 3 + \cdots\cdots + 11 = (1 + 11) \times 11 \div 2 = 66$

〈다른 풀이〉

한 점에서 각각 11개의 직선을 연결할 수 있으므로 12개의 점에서 연결할 수 있는 직선의 개수는 $11 \times 12 = 132$개입니다. 그러나 각 점의 직선의 개수가 중복되므로 직선의 개수는 $11 \times 12 \div 2 = 66$개입니다.

05

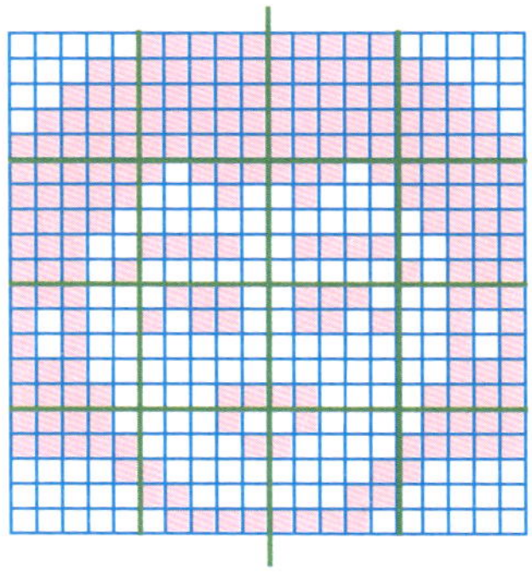

06

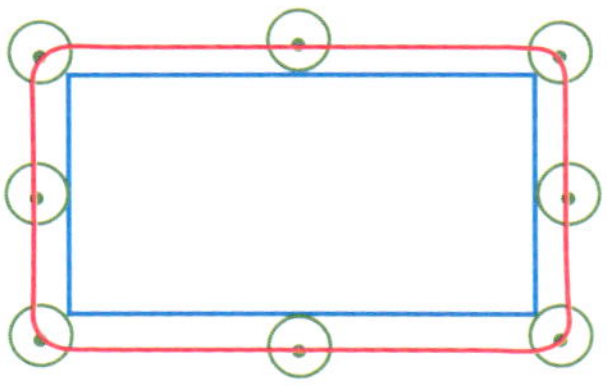

교우수학놀이공원 7

생각쑥쑥 실력팍팍 참 좋은 수학 II

초판 1쇄 발행 | 2012년 1월 30일

지 은 이 오관용
펴 낸 이 오상훈
펴 낸 곳 교우미디어

주　　소 서울시 동대문구 제기동 148-19
전　　화 (02) 925-2866
팩　　스 (02) 925-2860
이 메 일 kwm2011@hanmail.net
홈페이지 www.kyowoo.co.kr
등록번호 제305-2011-000007호

ISBN 978-89-968148-4-9 64410
978-89-968148-2-5 (전2권)
값 10,000원

교우미디어는 교우사의 임프린트 출판브랜드입니다.